跳棋

基础

国际

史思旋●编著

经济管理出版社

ECONOMY & MANAGEMENT PUBLISHING HOUSE

图书在版编目(CIP)数据

国际跳棋基础/史思旋编著.—北京:经济管理出版社,2012.5

ISBN 978－7－5096－1888－2

Ⅰ.①国… Ⅱ.①史… Ⅲ.①棋类运动－基础知识 Ⅳ.①G891.9

中国版本图书馆 CIP 数据核字(2012)第 082366 号

出版发行:**经济管理出版社**

北京市海淀区北蜂窝 8 号中雅大厦 11 层

电话:(010)51915602　　邮编:100038

印刷:廊坊市兰新雅彩印有限公司　　经销:新华书店

组稿编辑:郝光明　张　达　　责任编辑:张　达

责任印制:黄　铄　　责任校对:超　凡

720mm×1000mm/16　　10.25 印张　142 千字

2012 年 6 月第 1 版　　2012 年 6 月第 1 次印刷

定价:25.00 元

书号:ISBN 978－7－5096－1888－2

序

让智慧与生命同行

跳跃的思维

2012年春节后的一天，本书作者——国际跳棋全国冠军史思旋应邀来到编辑部，和我们讨论本书书稿的有关问题，为我们讲解了国际跳棋的规则。我们一致认为，这本即将出版的新作是有助于读者增长智慧的好书，尤为广大青少年读者所需要。

我们认为，阅读本书，学到的不仅仅是国际跳棋，还可以悟出很多新的道理。

人生的意义在于追求成功，因此需要智慧。人生的目标各有不同，因而对成功的理解各不相同，但无论怎样的成功都有一个共同点，这就是思维方法的成功。凡有追求的人生，每天都会产生新的内容，因此追求者必须时时更新思维方式，唯有这样才能在实现目标的过程中保持足够的精神动力。

国际跳棋是内容新奇、妙趣横生的游戏，它与流行于我国民间的跳棋大不相同。国际跳棋的战法与象棋、国际象棋有相似之处，以消灭对方的子力为获胜的手段，也是源于古代战争的游戏。

国际跳棋的基本规则是"逢吃必吃"，不吃不行。这是典型的西方思维方式的表现，折射出强烈的西方文化色彩。将这一特点与象棋比较，可以证明这一观点。

"弃子"是象棋的重要战术之一。对弈的一方可吃对方的弃子，也可不吃。这是象棋的规则，与国际跳棋截然不同。

如果因此认为国际跳棋的智力水平低于象棋，那就大错特错了。不同的规则表现出不同的思维方式，而不同的思维方式源于不同的社会发展状况，获得成功的方法却是殊途同归。将国际跳棋与象棋比较，结论是两者都是高水平的智力游戏，难分伯仲。从楚河汉界到深浅颜色交错的方格，我们看到的是东方文化与西方文化的交点。国际跳棋的历史悠久，与象棋一样，它们都是人类智慧发展的见证。

2007年，国家体育总局将国际跳棋引入我国，从此成为重要的体育项目。因为时间短，知道它的人不多，发现它的价值的人更少。

史思旋是最初的发现者之一。2005年，小姑娘史思旋以全国象棋个人锦标赛第六名的成绩跻身于象棋国家大师之列。2007年，这个小姑娘摘下国际跳棋全国冠军的桂冠，完成了一次成功的跳跃。

史思旋告诉读者：新的成功需要新的思维，最好的方式就是跳跃的思维。

进取的人生

一切成功者都是锐意进取的人，成功的人生就是进取心的表现过程。事实是：成功者只是众多进取者中的少数人。少数人之所以能在竞争中脱颖而出，最重要的原因是他们能找到那条适合自己的成功之路。要想拥有这种能力，就要在青少年时期做出决定一生的正确选择：正确认识环境，正确认识自己，尽早开始对自己的潜能进行开发。每个人都有潜能，唯有进取者才肯于开发自己的能力，唯有成功者才能最大限度地开发出自己的能力。

我们所处的时代是中国历史上竞争最激烈的时代。从历史的角度审视，我们看到的是中国历史缓缓走过数千年，在受到西方文化的剧烈撞击后突然加快脚步，急切地寻找逝去的辉煌，又急切地追求卓越。生活在这样的时代，我们被历史大潮推动，身不由己。

竞争的本质是才能的竞争。只有不断学习新知识，并且将知识转化为能力，才能不断提高竞争力。很多人学了知识以后不能将知识转化为能力，这是不成功的主要原因。他们总是陷在原有的思维定式之中，因此需要找到解脱的方法。

学好国际跳棋也许是一种好方法。国际跳棋不仅是令人愉快的智力游戏，更是蕴涵哲理的思维工具。国际跳棋最大的特点是"过河拆桥"——利用对方的棋子为己方铺路搭桥，完成跳跃后再将对方为己方铺路搭桥的棋子从棋盘上悉数取走，于是面前似乎出现了通向胜利的坦途。

这不能不令人大感惊异：东方传统文化的道德禁区竟是西方文化行为规范的表现，它们竟能在同一个世界上各行其道，又并行不悖。

这本书告诉读者，历史上西方有很多优秀人物终生以跳棋作为获得成功的思维武器，拿破仑是其中的佼佼者。在戎马倥偬的岁月里，拿破仑把跳棋当作助手，那块与他形影不离的镶着宝石的小小棋盘与他心中的版图合二为一。

感谢史思旋，她为广大青少年读者写了一本好书。好在哪里？逻辑缜密、构思奇特、文字清丽，正所谓文如其人。

从象棋大师到国际跳棋冠军，这是思维定式的成功突破，是广大青少年希望拥有的能力。

史思旋指导我学会国际跳棋以后，要求我为本书作序。我对国际跳棋的理解实在太过肤浅，十分艰辛地写下这篇文字，就教于作者，并与编辑部全体人员向广大青少年读者致以最美好的祝愿。

郝光明

2012 年 5 月 10 日

目 录

第一章 入 门

历史上有许多著名人物都曾是国际跳棋的爱好者。英国的伊丽莎白一世女王，在她执政统治初期，与她的拉丁语教师罗杰·阿斯卡姆下国际跳棋和国际象棋，此后这两种棋伴随她的一生；俄国的彼得大帝，不仅棋艺水平高超，还将跳棋列入他的"宫廷舞会"之中；美国教育家富兰克林曾出版过一本《跳棋规则》，他在其中写道：下跳棋可以培养远见、谨慎、通情达理等优秀品质，使人永不悲观，永远坚强；法国的拿破仑一世在征战中也不忘带上自己镶有珠贝的跳棋棋盘，并创造出留存后世的拿破仑打击；第二位国际象棋世界冠军拉斯克曾说：跳棋是国际象棋的母亲，而且是很忠实的母亲。

关于国际跳棋（Draughts）的起源有两种说法。

第一，引自马天翔先生的《国际跳棋入门》，国际跳棋是由各国的民族跳棋演变而来的。它的历史源远流长。跳棋起源于古埃及、古希腊、古罗马。至今在法国卢浮宫博物馆里所珍藏的狮子和羚羊下跳棋的壁画证明了这一点。但是当代的考古学家们还无法准确地判断出它的起源地和传播途径，因为它确实太古老了。

第二，国际象棋中国学派奠基人、国内公认的三棋一牌专家刘文哲先生认为，大约在公元前21世纪产生了"原始围棋"，棋盘是8×8，64格盘。原始围棋的下法规则不清楚，但是从不同角度进行分析能够作出较为合理的推测：原始围棋的棋子不是置于交叉点上，而是放在格子上，吃子规则也不可能像后世那般完备，而是一种极为简单的吃法。现代国际跳棋虽然历史悠久，但是它未必起源于埃及。可以设想是原始围棋的发展，又吸收了象棋的某些因素——如"王棋"。在民间"64"格跳棋（百格跳棋即所谓"国际跳棋"，是近代改革的产物）里可以看到 4000 年前原始围棋的影子。

从上面两段话中，我们应该能感受到震撼，尤其是在读完刘文哲先生的论述后。同时感受到跳棋的古老和深刻内涵，还应该知道国际跳棋有"64 格"跳棋和百格跳棋之分。据说在 1723 年，一位在法国军队中效力的波兰军官在下棋时，感到 64 格棋盘不够用，为了实现其配合进攻法的意图，于是便使用了百格棋盘。64 格跳棋的棋盘 8×8，每方 12 枚棋子；百格跳棋的棋盘 10×10，每方 20 枚棋子。1894 年在法国举行的第一届世界比赛中依·魏斯获得冠军，由于当时比赛采用的棋盘是百格棋盘，因此国际跳棋又被称为"百格跳棋"。

下面跟随我一起进入它的神奇世界吧！

一、棋盘的认识

如图 1-1 所示，这就是国际跳棋的棋盘，是由深浅两色相间的 100 个小方格（10×10）组成的正方形。

深浅两色的格子各有 50 个，深色的格子我们称为"棋位"。棋子只摆放在"棋位"上。而浅色的格子只是一种空间上的感觉，既不摆子，亦不行棋。请你一定要逐步树立这种意识。

对局时，双方面对面坐在棋盘两侧，但有一点要特别注意：双方的左下角要同为深色格，不能摆错棋盘方向。

为了便于打谱、记录，棋盘上每一个深色格都用固定数字标出，棋位号码如图1—2所示。

图1—1

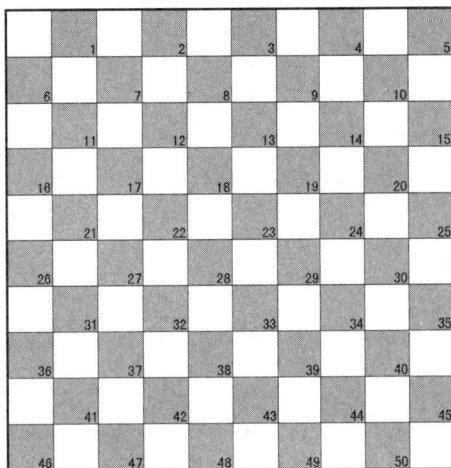

图1—2

从左上方第一个深色格起为"棋位1"，依次推至"棋位50"。

初次见这些棋位号码还是有一点摸不清方向。请你跟随我寻找其中规律。我们纵向从左往右看，第一列为6、16、26、36、46；第二列为1、11、21、31、41……而横向则是棋盘由上至下，数字由小至大，1～50。

2007年国际跳棋进入我国，当时为了更好地普及和推广，国内制作的棋盘大多为带有棋位号码的棋盘。而国际上通用的棋盘为无棋位号码的棋盘，如图1—1所示。

熟悉棋盘上的数字，可以更好地提高自己，也为日后下"盲目棋"打好基础。

二、棋子的认识及走法

(一) 棋子的认识

国际跳棋的棋子一般由木头或塑料制成，颜色为白色和褐色，棋子正反面刻有几圈凹凸的螺纹，扁圆柱体，十分精美。如图1－3所示。

图1－3

图1－4

对局开始前，白黑双方各有20枚棋子。白方持白色棋子摆在31～50的棋位中，黑方持褐色棋子摆在1～20的棋位中。如图1－4所示。

国际跳棋的兵种只有兵和王棋两种。如图1—5所示。

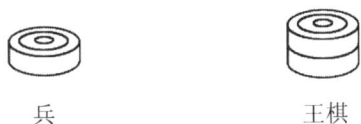

兵   王棋

图1—5

读到这里，也许你会好奇，棋盘上哪里有"王"？什么是"王"？别急，下面就让我来给你介绍如何成王及兵和王的走法。

(二) 棋子的走法

◎ 兵的走法

通过图1—6，你是否已经看出了兵的走法？兵的走法是非常简单的。每步棋，只能向斜上方邻近的棋位移动一格，且只能前进、不能后退。

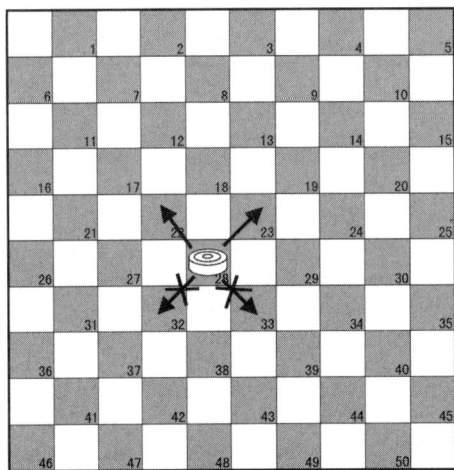

如图1—6所示，白方在28棋位的兵，可以向22棋位或23棋位移动一格（注意：绝不能后退到32棋位或33棋位）。

图1—6

※ **小结：兵的走法：只能向前，一次一格。**

◎ **兵的吃子**

兵的吃子是以跳的形式进行的，称为"跳吃"。"跳吃"按照字面的意思，也可以理解为"跳过去，再吃子"。

如图1—7所示，白方兵在37棋位，黑方兵在32棋位。按照"跳吃"的方法，白方从37棋位，越过黑方32棋位兵，跳到28棋位，并吃掉32棋位的黑兵。将吃掉的子从棋盘上拿下，形成图1—8。

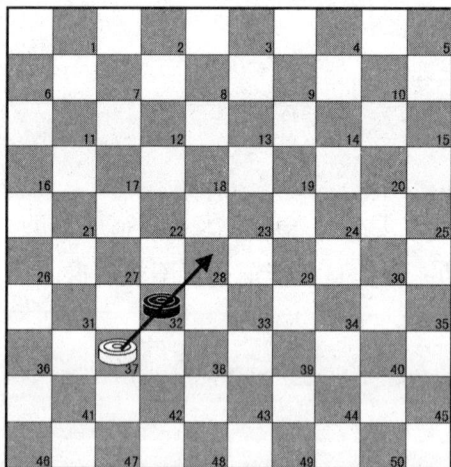

图1—7

图1—8

〖**小练习**〗

在图1—9、图1—10上，模仿图1—7、图1—8，画出↗路线及吃子后兵的位置。

图 1—9

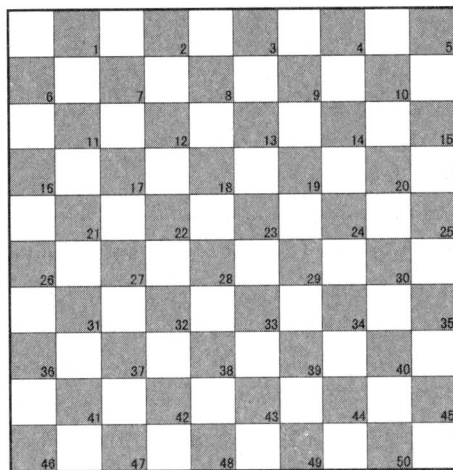

图 1—10

____方兵在____棋位

____方兵在____棋位

根据"跳吃"，____方从____棋位，越过____方____棋位兵，跳到____棋位，并吃掉____棋位的____兵。

吃掉的____棋位____方兵，从棋盘上拿下，形成图1—10。

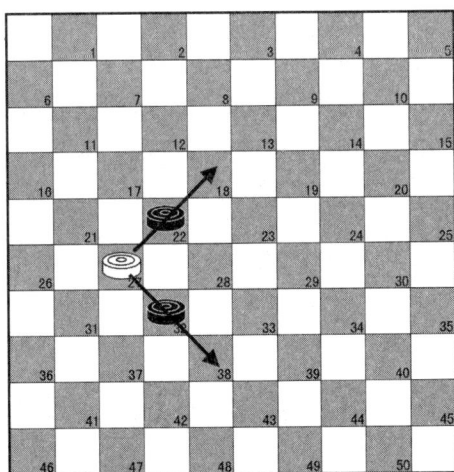

图 1—11

如图1—11所示，白方兵在27棋位，黑方兵在22和32棋位。

通过图1—11，我想向你说明一点：兵在走子时，只能向前；而兵在吃子时，可以向前吃，也可以向后吃。此时，白兵27即可向前吃到18，也可退回吃到38。

※ 小结：走子时，只能向前，一次一格。

吃子时，可向前吃，可退后吃。

◎ 兵的连跳

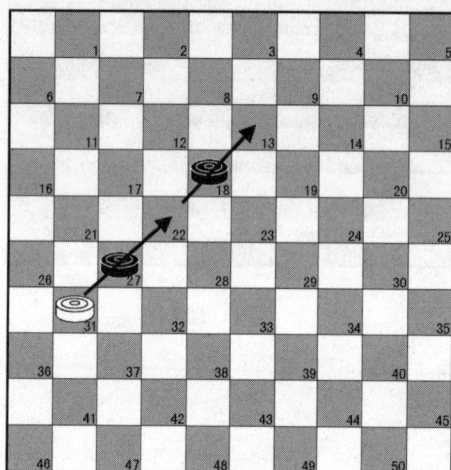

图 1—12

连跳是指跳吃对方两子或两子以上。

如图 1－12 所示，白方兵在 31 棋位，黑方兵在 27 和 18 棋位。白方 31 位兵连续跳吃到 13 位。

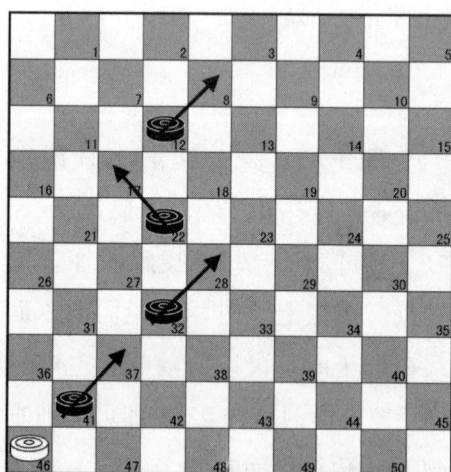

图 1—13

如图 1－13 所示，白方兵在 46 棋位，黑方兵在 41、32、22、12 棋位。

白方兵经 37、28、17 位，连续跳吃到 8 位。

《小练习》

请在图1-14中，画出白方吃子路线，用↗表示。

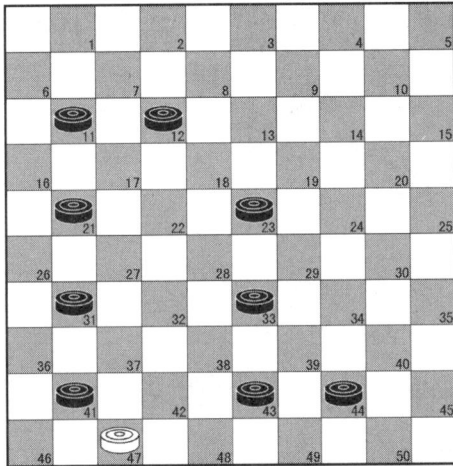

图 1-14

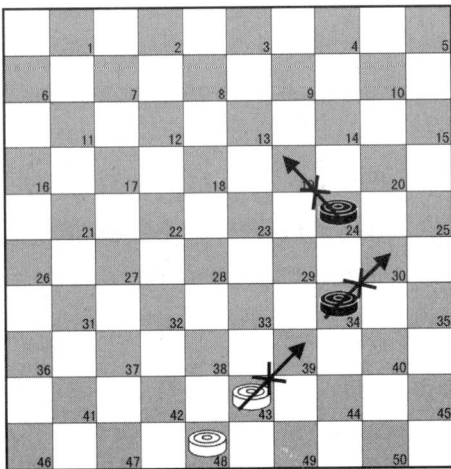

图 1-15

图1-15、图1-16是两种错误的跳吃方法。

如图1-15所示，白方兵在43和48棋位，黑方兵在24和34棋位。白方绝不允许跳过己方的兵43，连续跳吃到19棋位。

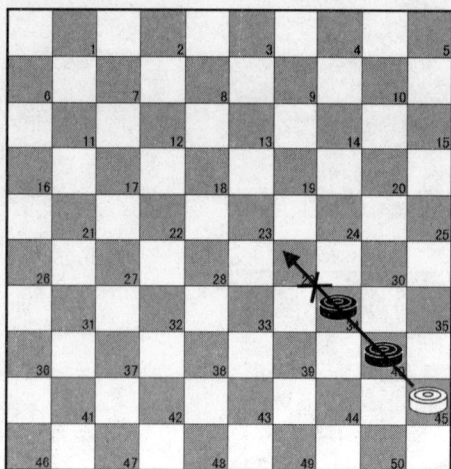

图 1—16

如图 1—16 所示，白方兵在 45 棋位，黑方兵在 34 和 40 棋位。白方绝不允许跳过对方两子至 29 棋位。

※ **小结：空一格，跳一个。**

　　　　不能跳吃自己，不能隔多子跳。

◎ **兵的升变，王棋加冕**

在前面，我们讲到"棋子种类"，有兵和王棋两种。当时留有一个问题，即如何成王及王的走法。下面就让我为你揭开谜底。

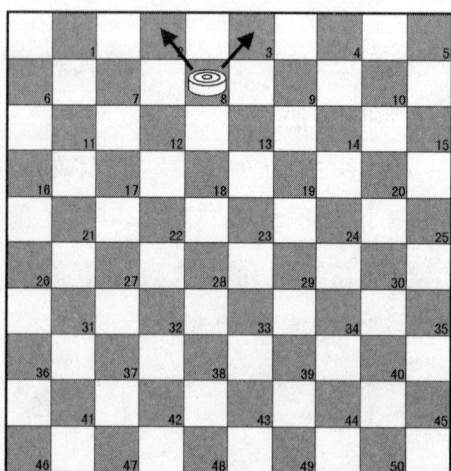

图 1—17

抵达对方底线的兵，即升变成为王棋。

如图 1—17 所示，根据兵的走法，白兵可以走到 2 或 3 棋位。那么，无论是到 2 或 3，抵达对方底线的兵，即升变为王棋，用升变方的两枚棋子重叠起来表示，被称为"加冕"。

正所谓，小兵一路向前冲，勇于拼搏，绝不后退，突出重围，成功加冕。

这正是国际跳棋的魅力之一，同时也是对古代战争最好的诠释。

◎ **王棋的走法及吃子**

小兵历经艰险，最终成功升变为王棋。

这时你一定要问：王棋该如何行棋？它的威力如何呢？

下面，让我们看一些例子，来一起体会王棋的价值。

图 1—18

①王棋的走法。如图 1—18 所示，白方王棋在 23 位上，按箭头所示，白方王棋可走到 1、7、12、18、29、34、40、45、19、14、10、5、28、32、37、41、46 棋位，共有 17 种走法。

通过这个例子，我们明白了王棋的走法：

行走不受格数限制；行走既可前进，亦可后退。

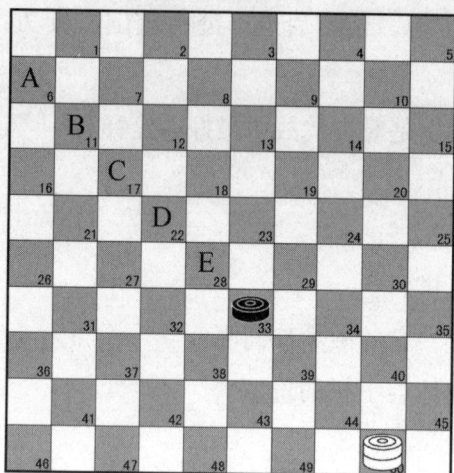

图 1—19

②王棋的吃子。如图 1—19 所示，有 A、B、C、D、E 五个字母，形象地说明了王棋的吃子。50 位白王，吃掉黑方 33 位，可以落在 A、B、C、D、E 任意一点上。

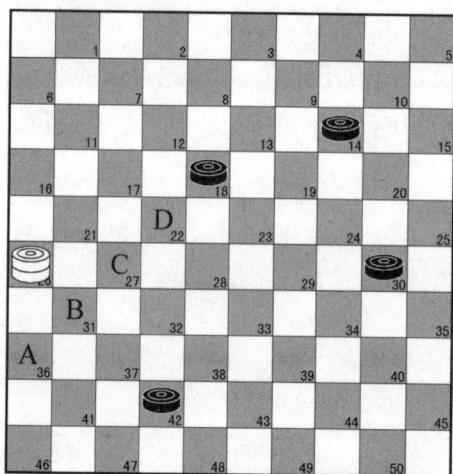

图 1—20

如图 1—20 所示，介绍的是王棋的连跳。相比兵的连跳，王棋的连跳要复杂得多。要在脑海中有一个清晰的吃子路线，并判断吃子后王棋的落脚点。

26 位白王，经过 48 位，吃掉 42 位子，到 25 位，吃掉 30 位子，再到 9 位，吃掉 14 位子，最后吃掉 18 位子落在 A、B、C、D 任意一点上。

※ 小结：进退、吃子且不受格数所限。

至此，兵和王棋的走子、吃子已为你介绍完了。

为了更好地记忆与吸收，我整理了一个表格，如表1—1所示，希望对你有所帮助。

表1—1

	走子	吃子	格数	注意事项
兵	只能向前，一次一步	可向前或向后吃子	受限制	不能跳己方子； 不能一次越过多子
王棋	进退、吃子且不受格数限制			连跳时，注意吃子路线

三、棋局的记录方法

我们已经认识了棋盘、棋子，学会了行棋走子，那么现在的你应该十分迫切地希望用学过的知识来下一盘国际跳棋了吧。

在下棋之前，我再向你提示三点：

(一) 正确摆放棋盘

在对局开始前，双方左下角是46棋位或5棋位，如图1—2所示。

(二) 白棋先行

白棋先走子，接着双方轮流布子，直至对局结束。

— 13 —

（三）做记录

对棋局进行记录，是为了保存、整理和研究对局，是一种学棋态度和一种学棋方法。

国际跳棋的记录方法：棋位的号码＋记录符号。

关于棋位的号码，请参见图1－2。记录符号如表1－2所示。

表1－2

—	棋子从起点走到终点
：或×	吃子
！	好棋
？	疑问手
2—0	白胜
0—2	黑胜
1—1	和棋

请你把棋子完整地摆放在棋盘上，如图1－4所示，按照下面的着法来练习读谱记录。

1.32—28　18—23　　2.33—29　23×32

3.37×28　16—21　　4.39—33　21—27

5.31×22　19—23　　6.29×18　12×32

7.38×27　17×30　　8.35×24　20×29

　　　　　　　　　（0—2）

— 14 —

图 1－21

白方下一着，黑方再下一着，叫做一回合。

第一回合 32—28 18—23，意思就是白方从 32 棋位走到 28 棋位，黑方从 18 棋位走到 23 棋位。

第七回合 38×27 17×30，意思就是白方从 38 棋位吃到 27 棋位；黑方从 17 棋位跳吃三子到 30 棋位，路线是 17×28×39×30，简写成 17×30。对局至第八回合结束，形成图 1－21。

读谱记录是熟练活儿，需要反复练习，熟能生巧。

下面，我来介绍如何对某一个局面做记录。比如，你观摩高手下棋或自己对局时，中间有一个局面使你印象深刻，这时你就可以将这个指定局面记录下来。

记录指定局面的方法是棋子种类名称＋棋子所在棋位。

图 1－22

让我们一起来记录图 1－22。

白方：22、27、32、34、35、36、37、40、41、42、43、45、46、47、48（15）

黑方：2、3、5、6、8、11、12、15、16、18、20、21、24、25、26（15）

记录中的"白方"、"黑方"也可以用"W"、"B"表示。

四、胜、负、和的判定

（一）胜

国际跳棋的取胜有三种途径：一是对方认输；二是将对方子力吃光，如图 1—23 所示；三是逼迫对方无棋可走，如图 1—24 所示。

图 1—23

如图 1—23 所示：

1. 26—21　　17×26

2. 37—31　　26×37

3. 38—32　　37×28

4. 39—33　　28×39

5. 40—34　　39×30

6. 35×11

（2—0）

白方将对方子力吃光。

图 1—24

如图 1—24 所示，白方单王单兵对黑方单王单兵：

1. 45—40！ 34×45

2. 1—6　　50—17

3. 6×50

（2—0）

白方逼迫对方无棋可走。

（二）负

判定国际跳棋的输棋，亦有三种途径：一是主动认负；二是违反"行棋规定"；三是违反"比赛规定"。

（三）和

判定国际跳棋和棋有以下五种情况：

1. 双方同意作和。

2. 三次重复局面（同一局面重复三次，且每次都轮到同一方行棋）。

3. "25 回合"只动王棋。在连续 25 个回合中，双方只移动过王棋，没有走动过兵，也没有吃掉过任何一子。

4. "5 回合"。一方有两枚王棋（或一王一兵；或一王），另一方有一王，双方在"5 回合"内未分胜负，判为和棋。

5. "16 回合"。一方有三枚王棋（或二王一兵；或一王二兵）对单王，双方在"16 回合"内未分胜负，判为和棋。

小练习答案

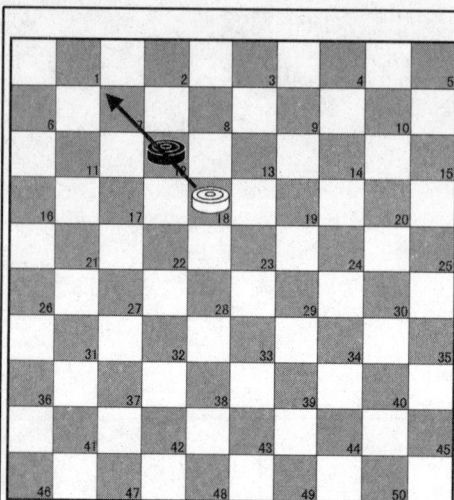

图 1—9

图 1—10

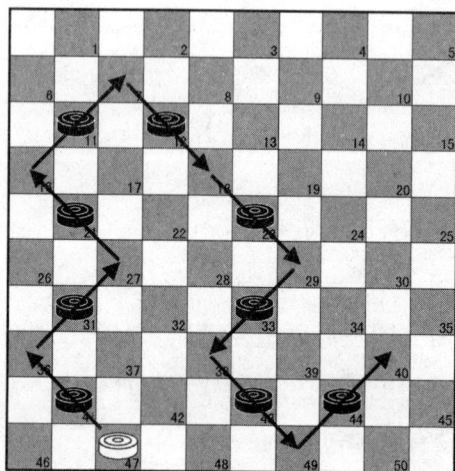

图 1—14

第二章　行棋规定

没有规矩不成方圆。

熟练地掌握了本章内容，你就可以尽情地享受国际跳棋带给你的快乐了。

国际跳棋的行棋规定有四条，它们是：

1. 有吃必吃，有多吃多。

2. 一次取净，不能重跳。

3. 停底线，升王棋。

4. 不能自跳。

下面就来分别介绍这四条规定。

一、有吃必吃　有多吃多

"有吃必吃，有多吃多"的意思是有跳吃则必须跳吃，不能不吃；有吃多子时必须多吃子，不能少吃。

图 2—1

如图 2—1 所示：

1. 24—19   13×24（有吃必吃）

2. 30×10   15×4（有吃必吃）

3. 29—24   20×18（有吃必吃）

4. 37—31   26×37（有吃必吃）

5. 38—32   37×28（有吃必吃）

6. 33×11（33×22×13×2×11）

白方 11 位可以升变王棋，白胜。

图 2—2

如图 2—2 所示：

1. 33—28！   29×20（有吃必吃）

2. 27—21   26×17（有吃必吃）

3. 28—22   17×28（有吃必吃）

4. 39—33   28×39（有吃必吃）

5. 40—34   39×30（有吃必吃）

6. 35×11（35×24×15×4×13×2×11）

（2—0）

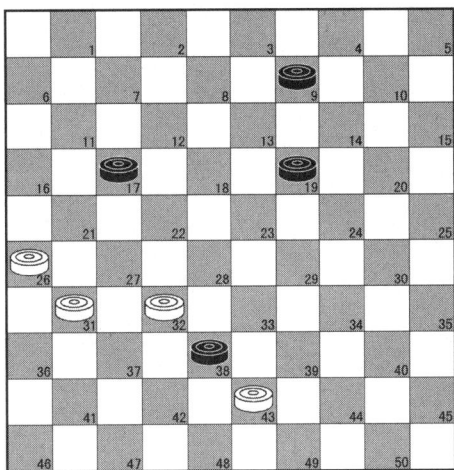

图 2—3

如图 2—3 所示：

1.26—21　17×28（有吃必吃，有多吃多）

2.43×3（43×32×23×14×3）

（2—0）

图 2—4

如图 2—4 所示：

1.33—28！19×21

黑方明明知道王吃到 21 会输棋，却仍然要走 19×21，而不能走 19×35。因为要遵守"行棋规定"——有吃必吃，有多吃多。

2.26×8（26×17×8）

（2—0）

当遇到吃子的情况，不管是兵或王，也不论你愿不愿意，形势有没有利，都要不计后果，做到"有吃必吃，有多吃多"。

这一条规定是带有强制性的、区别于其他棋种的，是国际跳棋独有的"风景线"。

— 21 —

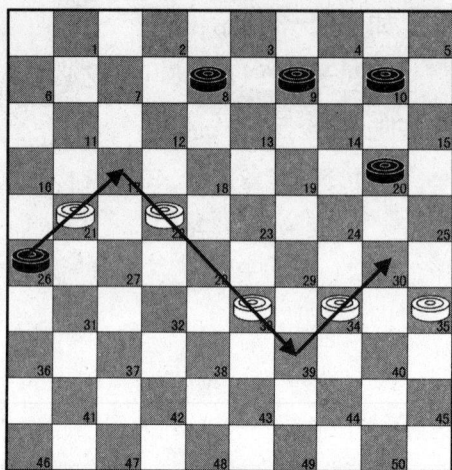

图 2-5

如图 2-5 所示，有吃必吃（不能不吃）。

图 2-6

如图 2-6 所示，有多吃多（不能少吃）。

小练习

如图 2—7 所示，白方利用棋规"有多吃多"取胜。

图 2—7

二、一次取净　不能重跳

在连跳时，王棋或兵都必须"有多跳，必多跳"，将对方所有可能被跳过的棋子跳完以后，才可以将所"跳吃"的子从棋盘上一次性取下。在取子时，不允许跳一枚（棋子）取一枚（棋子），同时也不允许两次跳过同一枚棋子。

下面我们通过几个例子来更好地理解这条规则。

图 2—8

用图 2—8 解释一次取净，不能重跳。

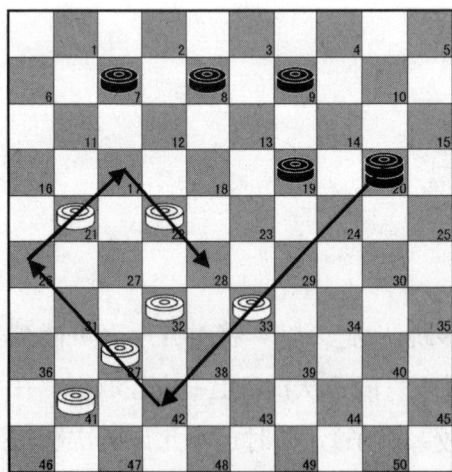

图 2—9

如图 2—9 所示，箭头指示出黑王吃子的路线：

20×42×26×17×28

黑王依照"有多吃多"，吃掉了白方的四枚兵，当黑王落在 28 位时，再按吃子的先后，一次性从棋盘上取下所吃掉的那四枚白兵，正所谓"一次取净"。

图 2—10

如图 2—10 所示，由于黑王已经跳吃过白方 33 位，不允许两次跳过同一枚棋子，所以黑王只能停在 28 位。正所谓"不能重跳"。

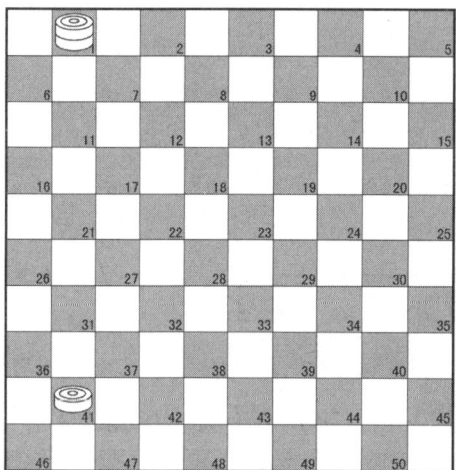

图 2—11

最终，吃四子的黑王反而被白方的 32 位所吃掉，白方顺利升王。如图 2—11 所示。

相对于其他规则，这一条就要复杂得多。它具有很高的实用价值，利用这条规则实施的战术，被特殊命名为"土耳其打击"。

通过图 2—12，我们加深一下对王棋的吃子路线的认识。

图 2—12

1. 47—41! 45×1
2. 22—18! 1×22 (1×29×47× 36×22)
3. 28×6

接下来，白方 6—1 升王，白胜，这种残局我们会在第四章中介绍。

小练习

如图 2—13 所示，白方利用"土耳其打击"取胜。

图 2—13

三、停底线 升王棋

如果兵在行进或吃子过程中到达了对方底线，并且按照规则不能继续吃下去，即它停留在了对方底线，那么，它将在该棋位升变为王棋。从下一步开始，它将按照王棋的走法行棋或吃子。

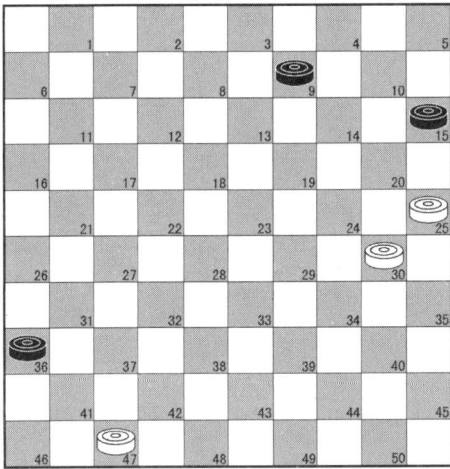

图 2—14

如图 2—14 所示：

1. 47—41　36×47（加冕王棋）

2. 30—24　47×20

3. 25×3（加冕王棋）

　　　　（2—0）

※ 小结：兵停底线，加冕王棋。

四、不能自跳

在跳吃时，只能越过对方的棋子吃子，不允许跳吃自己的棋子，也不允许以自己的棋子为桥梁去跳吃对方的棋子。如图1—15所示。

至此，国际跳棋"行棋规定"已为你介绍完了。棋手常常是依靠规则制定战略，利用规则实施战术打击。那么，战术打击又是怎么一回事呢？请看第三章国际跳棋的配合进攻法。

小练习答案

1. 27—21　16×38（有多吃多）
2. 37—32　26×19（有多吃多）
3. 39—33　38×29
4. 34×1

（2—0）

图2—7

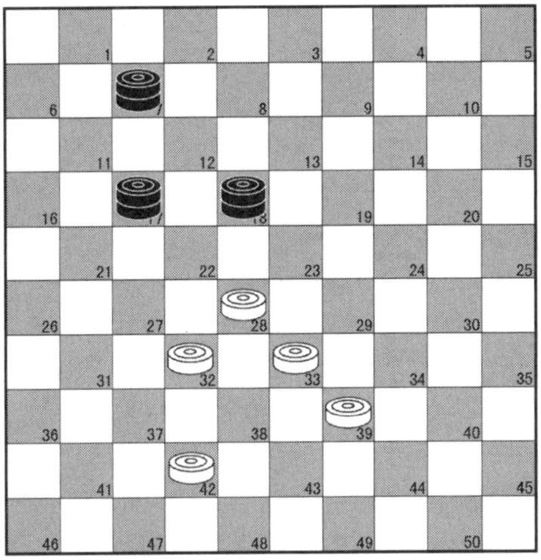

图 2—13

1.28—23！18×28（一次取净
不能重跳）

　　2.33×2

　　　　（2—0）

第三章 配合进攻法

当你坐在棋盘前，那种想赢棋的欲望是迫切的。进入到第三章，我们就开始了解如何赢棋，这也是本书最为华丽的部分。

"配合进攻法"与"如何赢棋"有着紧密的关联。它常常在对方不知不觉的时候，以突如其来的打击，置对方于死地。

"配合进攻法"又称"战术组合"、"战术打击"，是用一整套弃子和吃子的方法，来达到打击对方的目的。亦可达到取得胜利、获得局面优势、打开牵制、形成突破，在劣势下谋求和棋、在复杂中简化形势的效果。

在国际跳棋界有一句话形象地描述了它：战术打击是国际跳棋的灵魂！

所以说，"配合进攻法"是每一位国际跳棋爱好者应该熟练掌握的。尽管它形式多样、变化多端，但长期以来，经过大量实战总结形成了标准的定式，在这里，我为你整理了 25 种常见的战术打击。

一、25 种常见的战术打击

(一) 新手打击

新手打击，又可称为"哈莱姆"打击。哈莱姆是荷兰的一个城市。

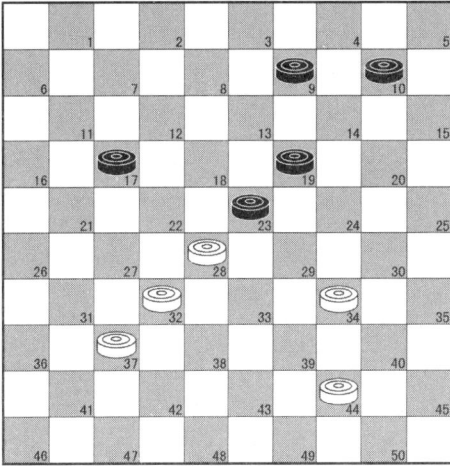

图 3—1

如图 3—1 所示：

1. 28—22! 17×28

2. 34—29! 23×34

3. 32×5（或 32×3）

　　　（2—0）

白方前后两次弃子，第一次叫引入；第二次叫引离。

图 3—2

如图 3—2 所示：

1. 28—22! 18×27

黑方如改走 17×28，白则 34—30! 25×34、40×29，24×33、38×29，23×34、32×25 白方多子。

2. 31×22! 17×28

31×22 引黑方 17 位到 28 位，为白方铺设了一条打击线路。

3. 34—29　24×33

黑方如果 23×34，白方则 32×14。

4. 38×18　12×23

白方 35—30 是好棋，同时引离黑方的 25 位和 23 位。

6. 40×18　13×22

白方新手打击多两子，胜定。

5. 35—30　25×34

7. 32×25

31

（二）菲立普打击

菲立普打击是以法国著名棋手马·菲立普的名字来命名的。

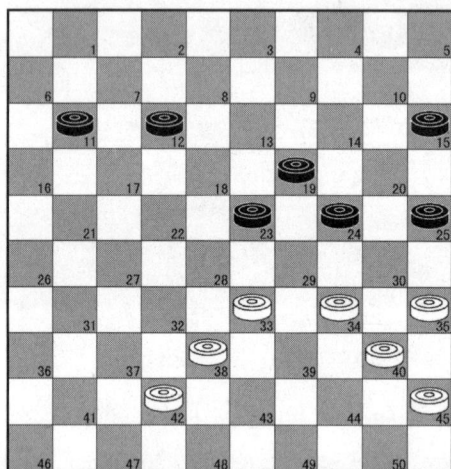

图 3—3

如图 3－3 所示：白方有两种走法。

　　A. 34—30

1. 34—30　25×34

2. 40×16

　　　　　（2—0）

　　B. 33—29

1. 33—29　24×33

2. 38×16

　　　　　（2—0）

两种走法均以白多子胜。

菲立普打击的特点：白方从 38 位或 40 位打起（黑方从 11 位或 13 位），经过中心打到 16 位（或 35 位）结束。

下面，让我们看两个例子。

如图3－4所示：

1. 25—20　14×25

白方25—20弃子，黑方吃子后至25位，从而被白方利用。

2. 27—22　18×38

白方继续弃子，引离黑方18位兵。

3. 42×33　23×32

4. 33—28　32×23

白方最后一次弃子，使局面形成了菲立普打击。

5. 34—30　25×34

6. 40×16

（2—0）

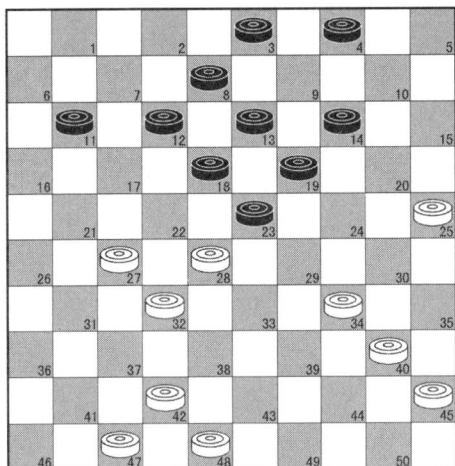

图 3－4

如图3－5所示，这是一个典型的从38位打起的例子。

1. 27—22　18×27

2. 32×21　16×27

白方弃子引离黑方16位和18位两子。

3. 33—29！　24×44

4. 43—39　44×33

5. 38×16

接下来，白方可通过37—32吃掉黑方27位兵，多子取胜。

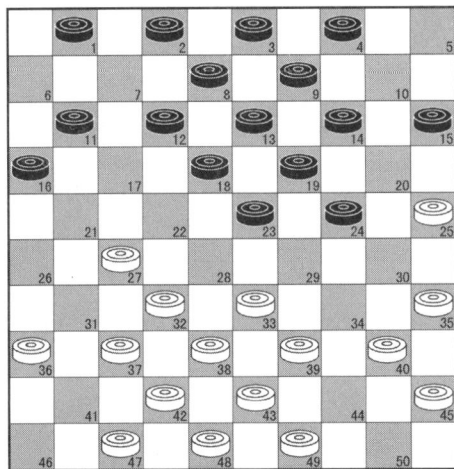

图 3－5

33

（三）王式打击

相传在法国的宫廷中，常常对弈国际跳棋，王式打击诞生于此，是由那些王公大臣们创造出来的。

王式打击是非常漂亮的。它同菲立普打击有相似之处，比如都从 40 （黑方从 11）位打到 16（黑方打到 35）位，但也有区分之处，菲立普打击 （40×29×18×7×16）穿过中心，而王式打击则（40×29×20×9×18× 7×16）绕过中心。

下面我们来看图 3－6，即王式打击示意图。

图 3－6

如图 3－6 所示：

1. 27—22　18×27
2. 32×21　23×34
3. 40×16

（2—0）

再举两个王式打击的典型例子。

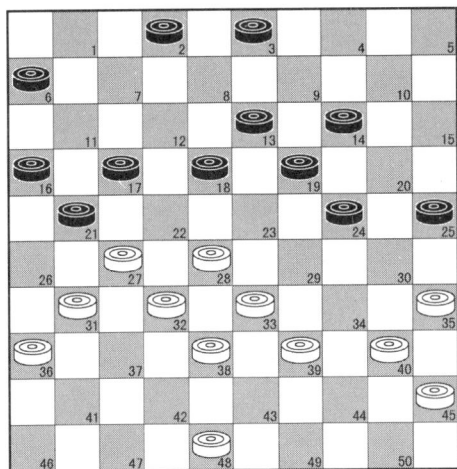

图 3—7

如图 3—7 所示，王式打击是从
40 位打起的，那白方如何引黑方的
一枚棋子到 34 位来呢？

1.27—22！ 18×27

2.31×11 ……

白方在兑换掉黑方 18 位的同
时，打开一条引对方进入 34 位的
通道。

2.…… 16×7

3.32—27！ 21×34

4.40×18

白方多子，胜定。

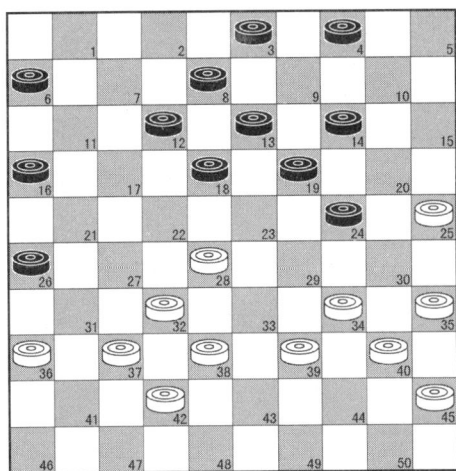

图 3—8

如图 3—8 所示，首先寻找打击
的线路，确定之后，再来计划把哪
些兵引开或者把哪些兵引进来。

让我们看正确走法。

1.37—31 26×48

白方经过计算，弃两兵使对方
26 位兵升变成王，为下面的战术做
好铺垫。

2.28—22 18×27

3.32×21 16×27

菲立普打击、王式打击在很多情况下都需要引离 18 位兵。

4.34—30 48×34

白方将黑方的王棋引到 34 位，形成王式打击。

5.40×7

(2—0)

（四）小桥打击

小桥打击形象地描绘了一幅画面：一方采取弃子，为己方搭建了一座通向敌方阵营的"小桥"。

图 3—9

如图 3－9 所示：

1. 37—31　26×37

2. 27—21　16×27

3. 28—22　27×18

白方连弃三子，此时黑方的 18 位、9 位、10 位、20 位和 30 位，被"整齐"地排列在了一条打击线上。

4. 38—32　37×28

5. 33×35

（2—0）

图 3—10

如图 3－10 所示，白方弃子搭桥，打击到对方的 5 位。

1. 28—22　27×18

2. 36—31　26×37

3. 38—32　37×28

白方有条不紊，三次弃子后为己方铺就了一条康庄大道。

4. 29—23　18×29

5. 34×5

（2—0）

(五) 里库打击

里库打击的命名源于棋手 D. Ricou。

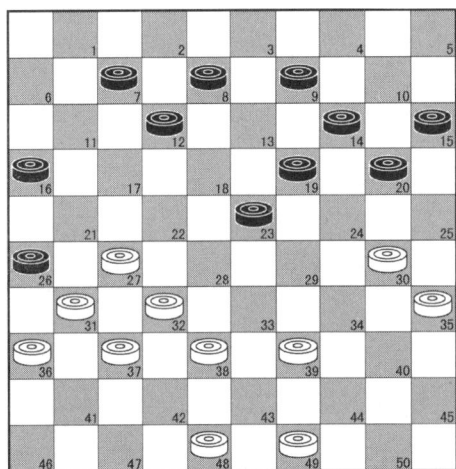

图 3—11

如图 3—11 所示:

1.30—24 19×30

黑方 19×30 或 20×29，对白方没有任何影响。因为白方的目的是通过弃子使对方走到 29 位。

2.35×24 20×29

3.27—21! 16×27

白方 27—21 是里库打击的典型手段。

黑方如果改走 26×17，白方则 38—33，简单取胜。

4.32×21 26×17

5.38—33 29×38

6.37—32 38×27

7.31×4

(2—0)

如图 3—12 所示，先迫使黑方有一个子到 29 位，再走出里库打击的典型手段。

1.34—29 23×34

白方弃子引开 23 位。

2.28—23 18×29

黑方如果 19×28，白方 32×1 立即胜。

3.27—21 16×27

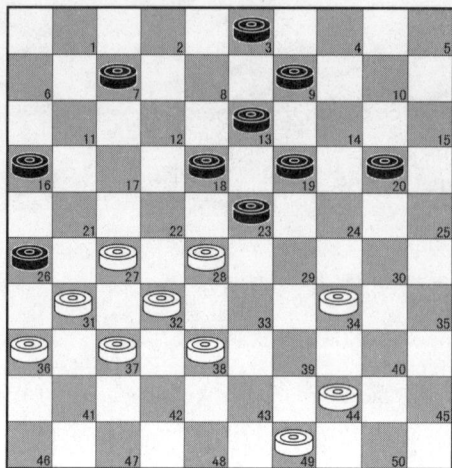

白方手段具有连贯性。

4. 32×21　26×17

5. 38—33　29×38

6. 37—32　38×27

7. 31×2

（2—0）

图 3—12

（六）弹射打击

关于"弹射打击"，国内的一些著作也将它译作"乒乓打击"、"反射打击"，因为这个打击得子的过程，很像乒乓球运动中的回旋球。

让我们来看看它是怎样回旋吃子的。

如图 3—13 所示：

1. 30—24！19×30

2. 37—31　26×37

3. 41×23　18×29

4. 33×35

白方多赚一子，胜定。

图 3—13

图 3—14

图 3—14 是典型的弹射打击。

1. 25—20　14×25

白方弃子使 14 位吃到 25 位，目的是发挥 34 位、40 位和 45 位这三枚子的作用。

2. 27—22　18×27

3. 34—30　25×34

4. 40×18　13×22

5. 28×26

接下来白方经过 32×21 兑子后，再 37—32 吃掉黑方的 27 位，白胜。

（七）后跟打击

后跟打击的特点：在打击过程中，己方的一枚棋子在向后吃子的同时，引入对方的一枚棋子，最后借助引入的这枚棋子给对方以致命一击。

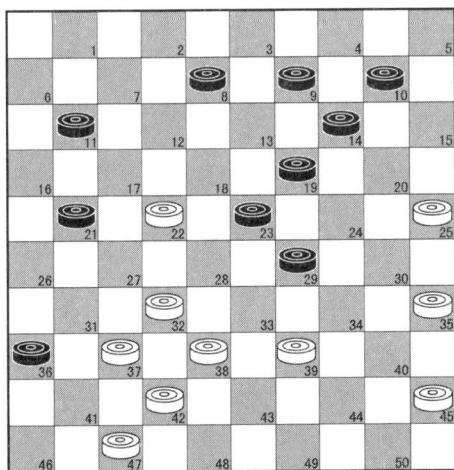

图 3—15

如图 3—15 所示，先在脑海中勾勒一条 42—33—24—13—4—15 的线路，且看白方如何实施后跟打击。

1. 22—18！23×12

2. 37—31　36×27

注意白方弃子的次序。

经过两次弃子，白方已搭好架子准备实施打击。

3. 25—20　14×25

4. 35—30　25×43　　　　　5. 38×49　27×38

6. 42×15

(2—0)

图 3—16

图 3—16 是一个经典的后跟打击。

1. 28—22！17×37

2. 27—21　16×27

白方两次弃子，为实施后跟打击做好铺垫。

3. 35—30　24×44

4. 33×42　44×33

白方吃子的同时引对方 44×33，借对方 33 位子，再次打击。

5. 38×7

(2—0)

(八) 直角打击

白方弃子的路线和得子的路线形成了若干直角，因此，将这种打击称为直角打击。

图 3－17

如图 3－17 所示：

1. 34—30！ 24×35

白方弃子，将黑子引离 24。

2. 29—24 20×38

白方迫使黑方 20 吃到 38，夹在白方两子中间，再 37—31，形成直角打击。

3. 37—31 26×28

4. 43×1

(2—0)

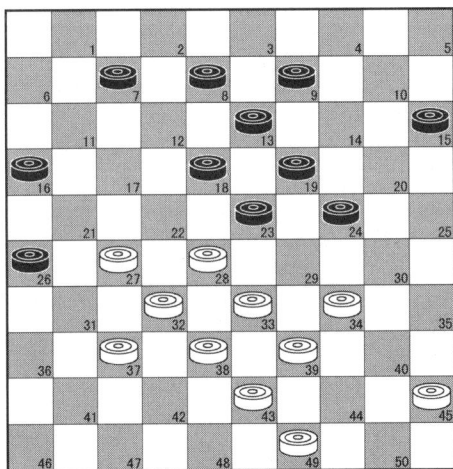

图 3－18

如图 3－18 所示：

1. 34—30 24×35

2. 33—29 23×34

3. 39×30 35×24

白方不惜以弃子来换掉 23。

4. 28—23！ 18×29

黑方如 19×28，白方则 32×14，得子胜。

5. 38—33 29×38

白方再弃子使黑方 29 吃到 38 位，夹在白方两子中间。

6. 37—31 26×28

7. 43×1

(2—0)

国际跳棋基础

（九）炸弹打击

要想成功地实施炸弹打击，事先要做周密的计划，要准确地计算出打击后双方的子力得失，炸弹打击是最复杂的打击之一。

图 3—19

如图 3—19 所示：

1.27—21！ 16×27

白方 27—21，犹如在"敌方"阵营里投放了一颗定时"炸弹"。

2.32×12　23×41

3.12×23　19×28

"炸弹"显示威力了，12×23 体现了炸弹打击的意义。

4.30×10　26×37

5.36×47　15×4

6.33×22

随后白方吃掉黑37，多子胜。

图 3—20

如图 3—20 所示：

1.27—21！……

此时，黑方有两种走法：

A. 26×37

1.……　　26×37

2.32×41！23×43

白方 32 位吃子正确，使对方被迫有多吃多。

3.21×23　19×28

4.30×10　15×4

5.49×38

(2—0)

— 42 —

B. 16×27

1. ……　　16×27
3. 12×23　26×37
5. 30×10　15×4

此时双方是平子。

6. 47—42!

白方得子，胜定。

2. 32×12!　23×43
4. 49×38　19×28

(十) 原子弹打击

原子弹打击是在炸弹打击的基础上衍生出来的，炸弹打击的常用手段是 27—21；而原子弹打击的常用手段是 27—22，其威力较炸弹打击有过之而无不及。

图 3—21

如图 3—21 所示：

1. 27—22!　18×27

白方瞄准了黑方的 2 位，27—22 是常用手段。

2. 32×21　23×41
3. 46×37　16×27
4. 37—31　26×37
5. 42×2

原子弹打击至 2 位成王，白胜。

图 3—22

如图 3—22 所示，这是原子弹
打击的另一种套路。

1. 27—22　18×27

2. 32×21　……

至此，黑方有两种变化：

A. 16×27

2. ……　　　16×27

3. 37—31！26×46

37—31 十分精彩。

4. 45—40　23×32

5. 47—41　46×37

6. 42×2

（2—0）

B. 23×32

2. ……　23×32	3. 37×28　16×27
4. 28—23　19×28	5. 33×2　13—19
6. 2×4　6—11	7. 4×31　26×46
8. 38—32　46×44	9. 50×39

白方多一子，胜定。

（十一）施普林格打击

勃·施普林格，荷兰人，1928～1931 年夺得世界冠军。以他的名字
命名的打击被称作施普林格打击。

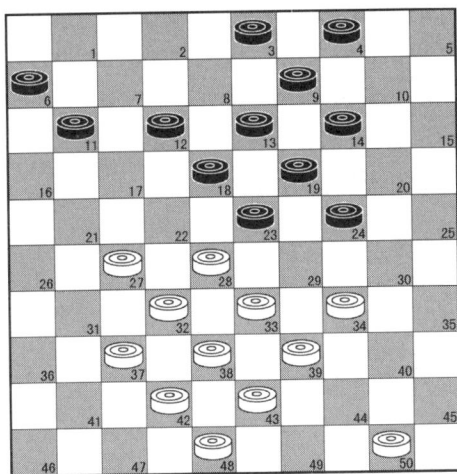

图 3－23

如图 3－23 所示：

1. 27—22！18×27

2. 32×21　23×41

3. 21—17　12×21（或 11×22）

4. 42—37　41×32

5. 38×7

白方 7 位兵将升变成王，白胜势。

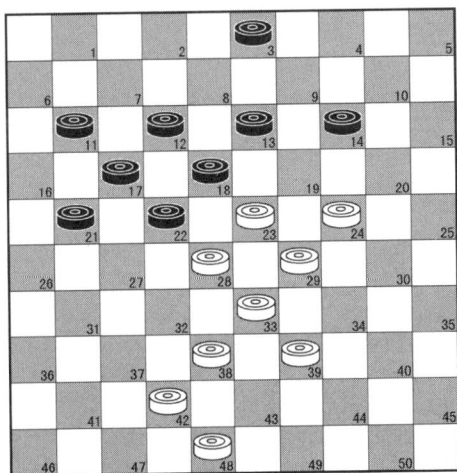

图 3－24

如图 3－24 所示：

1. 24—19！13×24

与图 3－23 思路一致，只是换了一个方向来实施打击。

2. 29×9　3×14

黑方如果 18×29，白方则 33×24，29×44，48—43！3×14，24—19，与主变殊途同归。

3. 48—43！18×29

4. 33×24　22×44

5. 24—19　14×23

6. 43—39　44—33

7. 38×27

（2—0）

45

（十二）弦月打击

弦月打击的路线如同画出的一道弦月，故名弦月打击。

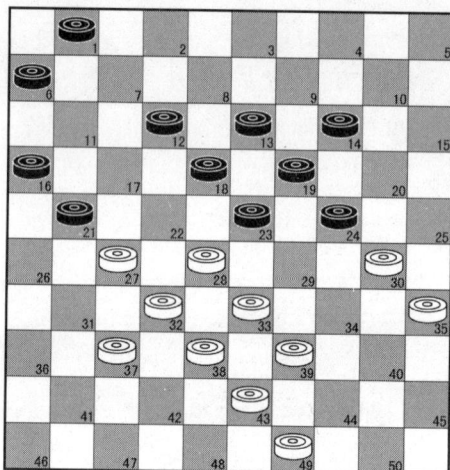

图 3—25

如图 3—25 所示：

1. 27—22！ 18×27

2. 33—29　24×31

3. 30—24　……

27—22、33—29、30—24，这是弦月打击的"组合拳"。

3. ……　　27×38

4. 43×32　19×30

5. 28×37

接着白方吃掉 30，多子胜势。

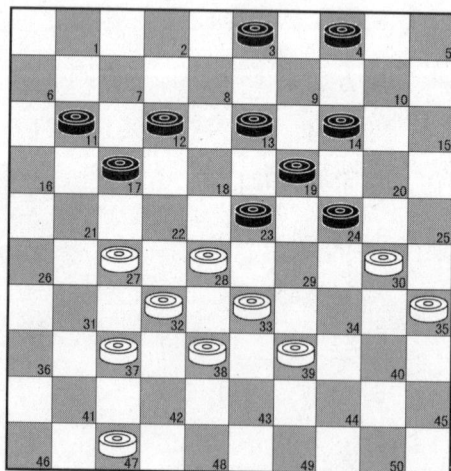

图 3—26

如图 3—26 所示：

1. 27—21　17×26

白方弃兵，目的是引离 24。

2. 33—29　24×31

3. 30—24　19×30

4. 28×6

（2—0）

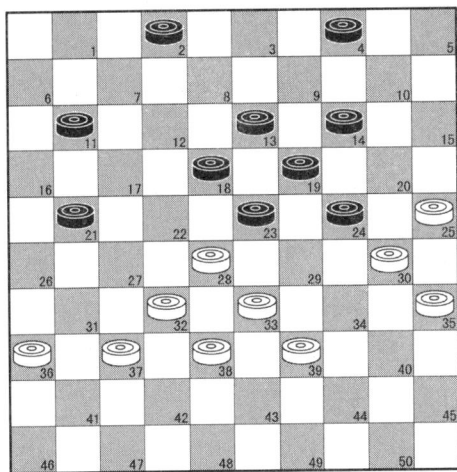

图 3—27

如图 3—27 所示：

1.33—29　24×31

2.36×7　2×11

3.30—24　19×30

4.28×8

白方即将得子，且伏有 8—2 或 8—3 成王棋，白胜局已定。

（十三）莱亨巴赫打击

让我们把时光倒退到 1933 年，年仅 18 岁的法国棋手姆·莱亨巴赫在世界冠军回敬赛中以 11∶9 的成绩战胜了他的同胞法布尔，挑战成功，首次摘取桂冠。接着他又在 1934 年战胜荷兰凯烈尔，在 1935 年战胜荷兰沃斯，在 1936 年战胜比利时魏森那，在 1937 年战胜荷兰施普林格，以及在 1938 年再次战胜荷兰凯烈尔，连续六次夺得世界冠军，在当时创造了夺冠次数最多的纪录。以他的名字命名的打击也因此流传至今。

哪知道，天有不测风云。第二次世界大战爆发了，姆·莱亨巴赫被捕入狱，成为法西斯集中营的囚犯，远离了他心爱的国际跳棋。直到 1945 年第二次世界大战结束，姆·莱亨巴赫才重见天日并接受他的晚辈普·盖斯特玛的挑战，劫后余生的他，已然力不从心，丢掉了保持多年的冠军头衔。从此，世界冠军榜上再也见不到他的名字，但以他的名字命名的打击，却一直流传到现在。

如图 3—28 所示，这是在 1936 年世界冠军赛中沃斯对姆·莱亨巴赫一局。此时轮到黑方走棋。

— 47 —

国际跳棋基础

W：沃斯

B：姆·莱亨巴赫

图 3—28

28. ······   24—29！

姆·莱亨巴赫敏锐地洞察到沃斯上一手走出的 42—37？，针对 42—37 的弱点，黑方走出了 24—29 的妙手。

29. 33×24   18—22

30. 27×29   16—21

31. 26×17   11×31

32. 36×27   19—23

33. 29×18   13×31

白方无法阻止黑方引升变成王棋，白方大势已去，黑胜定。

如图 3—29 所示，白方运用莱亨巴赫打击取胜。

1. 27—22   18×27

2. 31×11   16×7

3. 33—29！   24×22

4. 35—30   25×34

5. 40×20   15×24

6. 32—28   22×33

7. 38×20

                    （2—0）

图 3—29

（十四）阿维达打击

阿维达打击，又可称作阿维达思路，其线条优美，令人赏心悦目。

图 3—30 是典型的阿维达打击，白方从 36 位打起。

1. 26—21！ 17×26

2. 37—31　26×37

3. 32×41　23×21

保证白方从 36 位打起的条件有两个。第一，引黑方子到 21 位。

4. 33—29　24×33

5. 49—43　35×24

6. 43—38　33×42

第二，再引黑方子到 31 位，形成阿维达打击。

7. 41—37　42×31

8. 36×29

(2—0)

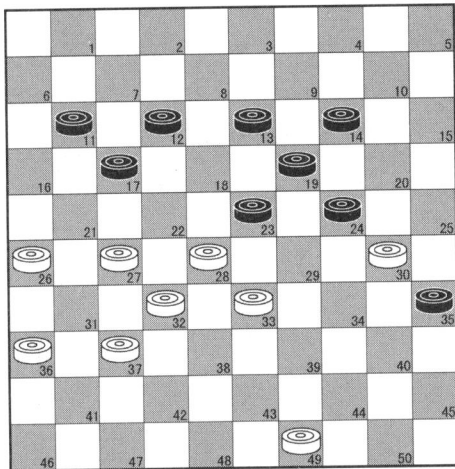

图 3—30

图 3—31 思路与上一个例子相同，分为两个步骤：

第一，引一子至 21 位。

第二，再引一子至 31 位，从而形成阿维达打击。

1. 26—21！ 17×26

2. 27—21　26×17

3. 32—27　23×21

4. 33—29　24×42

5. 41—37　42×31

6. 36×20

(2—0)

图 3—31

（十五）梯子打击

梯子打击的特点：如同一个台阶接连着另一个台阶向上攀梯子。

图 3－32

如图 3－32 所示：

1. 50—44　49×40

2. 45×34　48×30

3. 35×24　47×20

4. 25×14　46×10

5. 15×4

白方从 50—44 开始，每弃一个子，就捉对方一个王，登一步台阶。四个回合后，白方攀到对方底线并消灭黑方全部王棋，完成精彩的梯子打击。

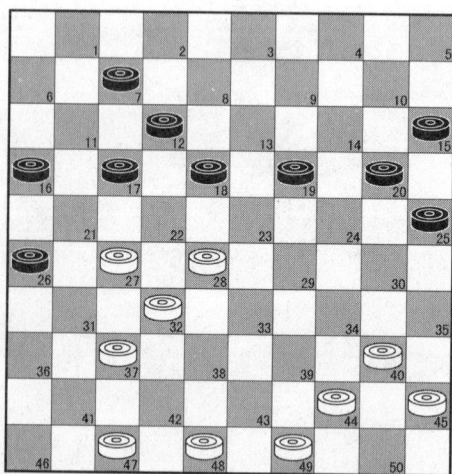

图 3－33

如图 3－33 所示：

1. 27—21　16×38

2. 49—43　38×49

黑方被迫升变第一个王棋。

3. 37—31　26×37

4. 48—42　37×48

黑方又在白方的"安排"下升变第二个王棋。

5. 40—35　49×40

白方开始实施梯子打击。

6. 45×34　48×30

7. 35×2

（2—0）

（十六）舷梯打击

舷梯打击的特点：一层一层地向上打。

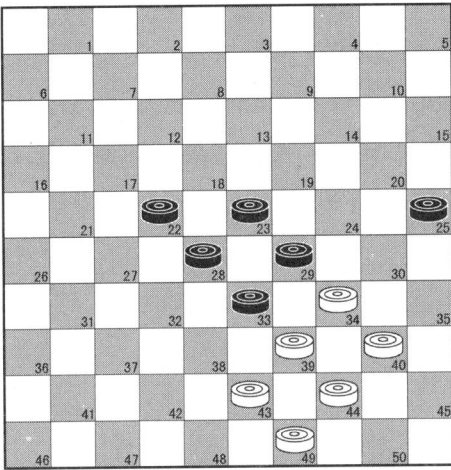

图 3—34

如图 3—34 所示：

1.40—35！ 29×40

2.35—30！ 25×34

3.44×35 33×44

4.49×27

白多子胜。

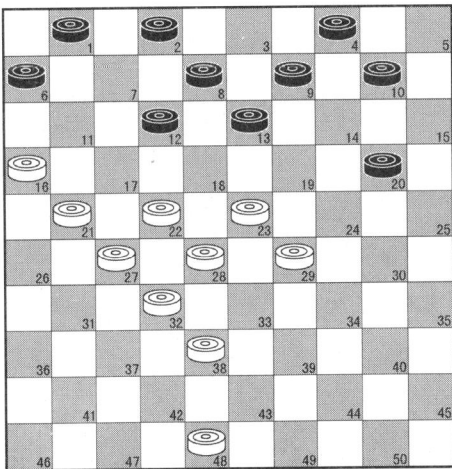

图 3—35

如图 3—35 所示：

1.29—24！ 20×18

白方弃子摆阵型。

2.21—17 12×21

打击开始。

3.16—11 6×17

4.27×16 18×27

5.32×5

(2—0)

（十七）拿破仑打击

法国拿破仑一世酷爱国际跳棋，甚至在率军打仗的征途中，也不忘带上镶有珠贝的国际跳棋棋盘，他认为下国际跳棋能帮助打赢战争。

图 3—36

如图 3—36 所示，这是拿破仑和他的一个将军的一次对决。此时，轮到白方拿破仑行棋，即此诞生了流传后世的拿破仑打击！

1. 27—22!　17×28

2. 37—31!　28×46

3. 38—32　46×28

4. 35—30　24×35

5. 26—21　16×27

6. 31×4

（2—0）

图 3—37

图 3—37 是著名的拿破仑打击，是由塞内加尔的传奇大师巴巴希走出来的。

黑先：

1. ……　3—9!

2. 22×4　26—31

3. 37×17　11×31

4. 36×27　12—18

5. 4×22　16—21

6. 27×16　24—29

7. 34×23　25—30　　　　　　8. 35×24　20×49

（0—2）

(十八) 法布尔打击

法布尔，1890 年出生，法国人。1926 年、1931 年、1932 年三次夺得男子世界冠军，其中，在 1926 年以 12∶8 击败斯·比佐；在 1932 年面对莱亨巴赫的挑战中，又以 11∶9 成功卫冕，是一位技术全面的杰出棋手。这个打击就是以他的名字命名的。

图 3—38

如图 3—38 所示：

1. 33—29　24×22

2. 25—20　26×28

3. 27—21　16×27

4. 42—37　14×25

5. 35—30　25×34

6. 40×29　23×34

7. 38—32　27×38

8. 43×1

（2—0）

— 53 —

图 3—39

如图 3—39 所示：

1. 28—23　　19×48

2. 30×8　　　12×3

3. 27—21　　16×27

4. 32×34　　48×30

5. 35×24

（2—0）

（十九）彼得萨打击

彼得萨，著名棋手。彼得萨打击的路线：从 48 位打起，经过 39 位，30 位、19 位或打到对方次底线，或打击得子。

48 位（或 3 位）在国际跳棋中具有战略、战术的双重作用，因其特殊地位而被称为"金棋子位"。

图 3—40

如图 3—40 所示：

1. 34—29　　23×34

2. 28—23　　19×26

白方弃子打开 19 位。

3. 25—20　　21×43

4. 48×10

白方 10 位兵将要成王，胜势。

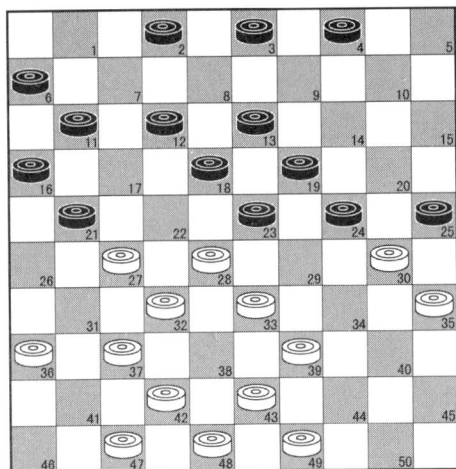

图 3－41

如图 3－41 所示：

1. 27—22！18×29

白方巧妙地利用了"有多吃多"打开了一条通道。

2. 39—34　23×41

3. 34×14　25×34

4. 42—37　41×32

5. 43—38　32×43

6. 48×26

虽然打击过后是平子，但白方的 14 位占据了重要的位置，具有战略意义，可以在其他子力的帮助下突破成王，白方形势大优。

（二十）拉法尔打击

拉法尔同样是来自法国的棋手。拉法尔打击也是最后由"金棋子位"打起的一种打击，只是在 48 位打击之前，先从 44 位给予对方第一次打击。

图 3－42 是拉法尔于 1900 年弈出的局面。

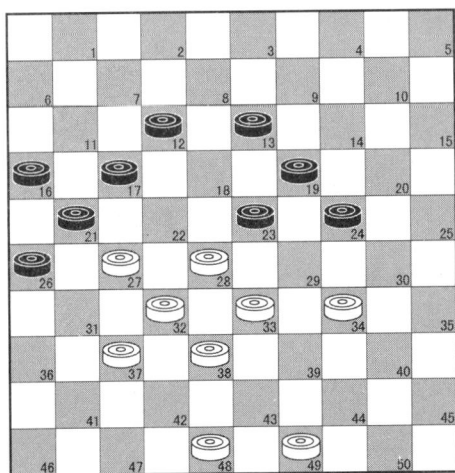

图 3－42

1. 34—29　23×34

2. 28—23　19×39

3. 37—31　26×28

4. 49—44！21×43

5. 44×11　16×7

6. 48×17

（2—0）

图 3—43

如图 3-43 所示，此时，黑方如果走 11—17 或 8—12，会被白方给予拉法尔打击，分述如下：

A. 11—17

1. ……　　11—17
2. 34—29　23×34
3. 28—23　19×39
4. 37—31　26×28
5. 50—44　21×43
6. 44×11　16×7
7. 48×10

(2—0)

B. 8—12

1. ……　　8—12
2. 34—29　23×34
3. 28—23　19×39
4. 37—31　26×28
5. 50—44　21×43
6. 44×22　18×27
7. 48×6

(2—0)

（二十一）变色龙打击

变色龙打击与彼得萨打击、拉法尔打击异曲同工，"金棋子位"担任"临门一脚"的角色。只因在变色龙打击中，21 位黑兵数次被变动位置，故有"变色龙"之称。

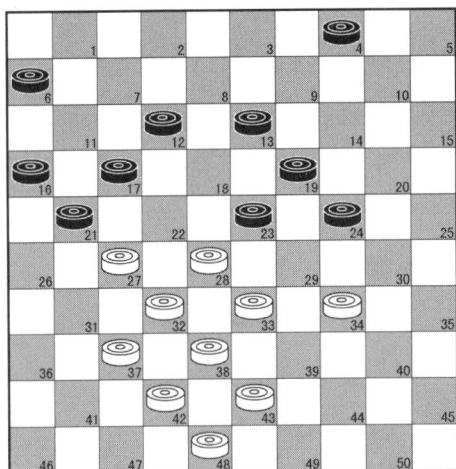

图 3－44

如图 3－44 所示：

1. 34—29   23×34
2. 28—22   17×39
3. 38—33   39×28
4. 32×14   21×41
5. 42—37   41×32
6. 43—38   32×43
7. 48×17

(2—0)

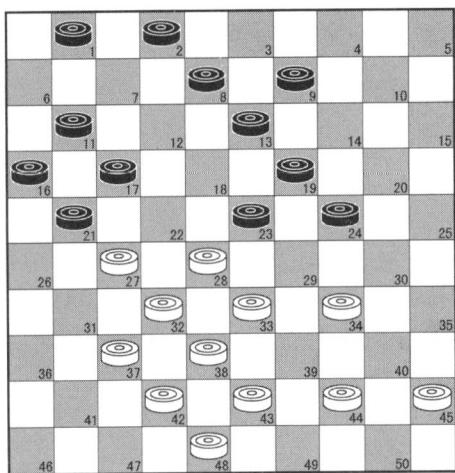

图 3－45

如图 3－45 所示：

1. 34—29   23×34
2. 45—40！ 34×45
3. 44—40   45×34
4. 28—22   17×39
5. 38—33   39×28
6. 32×12   21×41
7. 12—7   1×12
8. 42—37   41×32
9. 43—38   32×43
10. 48×6

(2—0)

(二十二) 土耳其打击

讲到"土耳其打击"，还记得第二章行棋规定中的第二条"一次取净，不能重跳"吗？当时讲到，利用这条规则实施的战术，被特殊命名为"土耳其打击"。要知道，只有王棋才能走出土耳其打击，所以对王棋的吃子线路需反复认识，反复琢磨。

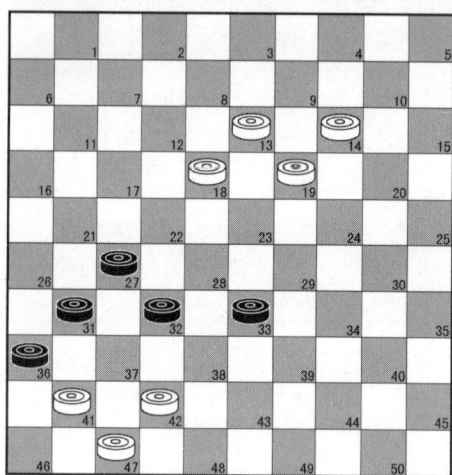

图 3—46

如图 3—46 所示：

1.42—37! 31×42

2.47×29 36×47

3.13—8!! 47×23

白方经过计算，先让对方成王，再迫使对方进行"土耳其打击"。

4.19×37

双方形成"对峙"，黑方只有弃子，白方获胜。

图 3—47

如图 3—47 所示：

1.26—21! 17×26

可以把 26—21 理解成：依托计算，先送对手升变为王，再利用这个王，使对方形成土耳其打击，从而摧毁对方。

2.28×17 12×32

3.37×28 26×46

4.29—24!! 46×29 (46×19×35×49×38×29)

5.34×5

(2—0)

(二十三) 瑞士打击

国际跳棋战术打击的命名多是取自人名、国名、形象会意等。

接下来我们将要讲到的是瑞士打击。瑞士，这个国家与国际跳棋也是息息相关的。1947年由法国、荷兰、比利时和瑞士四个国家联合创办了世界国际跳棋联合会（FMJD）。如今，这个组织已经"枝繁叶茂"。

图 3－48

如图 3－48 所示：

1. 38—33　29×38

2. 39—34！45×39（45×18×31×48×39）

3. 32×1

(2—0)

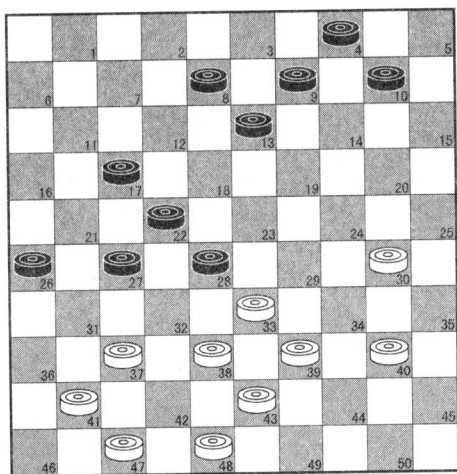

图 3－49

如图 3－49 所示：

1. 37—31　26×46

2. 39—34　28×39

3. 38—32！……

白方形成瑞士打击。

3. ……　　46×38

4. 34×5

(2—0)

（二十四）曼努尔打击

曼努尔，法国棋手。曼努尔打击的特点：先使对方成王，却不急于捉王，换掉对方一子的同时引这颗子到指定位置，接着吃掉连同王棋在内的数子。

图 3—50

如图 3—50 所示：

1. 32—28！23×32
2. 37×28　26×46
3. 40—35！46×40（46×23×40）
4. 35×24　20×29
5. 45×1

　　　　　（2—0）

图 3—51

如图 3—51 所示：

1. 33—29！24×33
2. 39×28　30×50
3. 31—26！50×31（50×22×31）
4. 26×17　11×22
5. 36×9

　　　　　（2—0）

(二十五) 加拿大打击

加拿大打击常常出现在钳形的牵制局面中，据说是从加拿大跳棋演变而来的。"钳形"是牵制的一种，即像钳子一样夹住对方，对此我们会在中局的章节中加以分析。

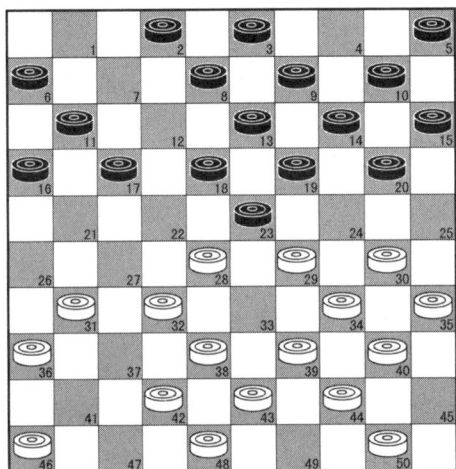

图 3—52

如图 3—52 所示：

1. 30—24！ 19×30
2. 28×19 13×33
3. 35×24！ 20×29
4. 34×21 16×27
5. 39×28

(2—0)

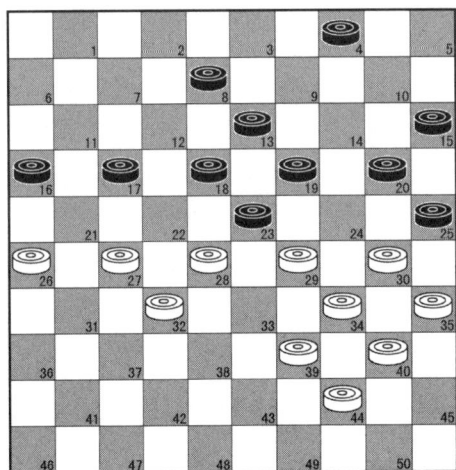

图 3—53

如图 3—53 所示：

1. 30—24！ 19×30
2. 28×19 13×33
3. 35×24！ 20×29
4. 34×3

(2—0)

二、技巧及训练方法

国际跳棋的战术组合虽然成千上万，但是通过上面的学习，我相信，你会掌握到基本的打击构思和手段，同时体会到国际跳棋特有的思想。对于不同的打击，你要做的只是记住这些打击的基本图形。不管添加多少棋子，中间的战术有多少往复，经过计算，终能回到基本图形上。正所谓万变不离其宗。

当然，在对弈中，打击多数不会自动出现，而需要周密的计划。若要在实战中走出精彩的打击，需要经过三个步骤：

（一）针对棋型进行构思

观察棋型，寻找阵型上或子力之间的弱点，想象是否有打击的可能性。在条件允许的情况下，设计一条打击线路。

（二）配合和等待

如果寻找到打击的可能，并设计出一条路线，那么，就要做好配合，在自己安全的状态下，一切以这条路线为优先考虑，同时要耐心等待。

（三）出现机会，致命一击

机会一旦出现，就要立即抓住，并给予对手最严厉的打击。

战术组合如同足球比赛中的临门一脚，它无刻不在，贯穿全局。学习战术组合，可以培养赢棋意识，提高攻击能力，增强对局面的把握。优秀的棋手在对弈中对局面非常敏感，可以抓住瞬间的机会。那么，学习战术打击的方法又有哪些呢？其方法有三。

◎ **量化**

战术打击要多做、反复做。要做多少个呢？我想先做 100 个，做完之后再向 500 个、1000 个等"进军"。水到渠成，春来花自开。

◎ **多角度**

在做打击的时候，要站在多个角度去计算。比如说，从白方、黑方、上下左右、正面、侧面多个方位去看这个局面，给自己增加难度，提高对打击的灵敏度。

◎ **心中默算**

思考一个打击局面，坚决反对"想一步，走一步，再计算"。要在心中从头到尾将其默算出来，然后再一气呵成地用棋盘摆出来。练习一段时间后，建议把在心中默算的着法先写在一张纸上，再摆到棋盘上核查。这样训练可以提高心算能力和记忆能力。

总之，假以时日才能轻车熟路、融会贯通。

第四章　残　局

残局是一局棋的收尾阶段，随着棋局的进展，子力越换越少，双方的局势也越来越明朗。这时，能帮助你取得胜利的是你的残局功夫。

残局博大精深，想要练好残局，则需要长年累月不断学习、不断积累。

我们的先辈棋手透过大量对局，从中总结出一些例胜、例和的定形、定式。这些定形、定式是残局中最为基本的知识，熟练掌握将有利于在实战中正确地从中局向残局判断和转换。

在介绍定式之前，让我们再认识一下棋盘。

通过之前的学习我们已经知道，棋子只在深色格里行走，而深色格又称"棋位"。如果我们把"棋位"用斜线相连，则形成"道"，棋盘上共有长短不一的 17 条道。下面，我来介绍对于残局至关重要的道：大道、双重道、三联道、象限。如图 4—1、4—2、4—3、4—4 所示。

记得我在讲"兵的升变"时说，"抵达对方底线的兵，加冕王棋"。在这里，我给你拓展一个残局理论。

（1—5）和（46—50）是各自双方的底线，又称"王棋位"。

在实战中，常常是经过大量换子进入残局，为防止对方采取弃子突破的手段升变成王棋，可以在 47 位和 49 位（黑方是 2 位和 4 位）留有棋子，47 位、49 位（2 位、4 位）在残局中发挥有效的防守作用。如图 4—5 所示。

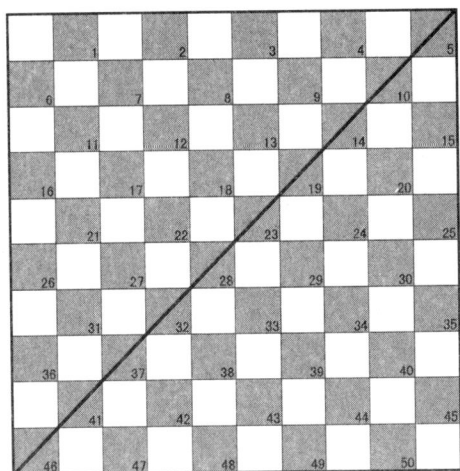

图 4—1

（5—46）大道

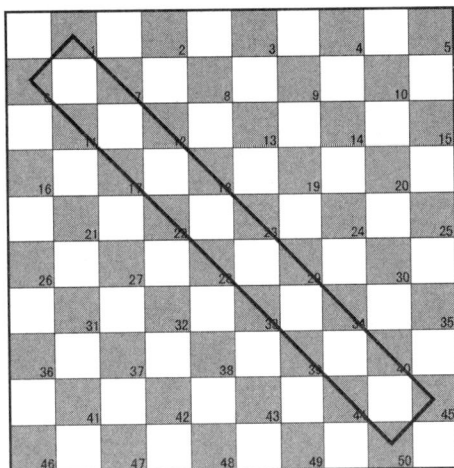

图 4—2

（1—45）
（6—50）双重道

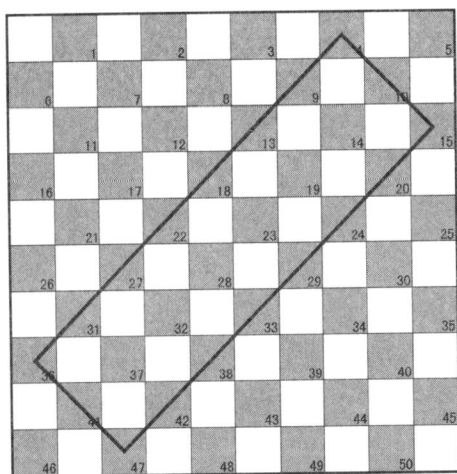

图 4—3

（4—36）
（15—47）三联道

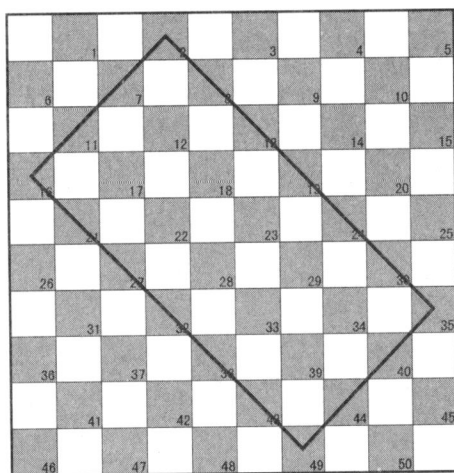

图 4—4

（2—16—49—35）象限

图 4—5

一、兵对兵

在"兵对兵"的残局中，我要为你讲解三个残局技巧：①对峙；②捆绑；③四七法则。

（一）对峙

双方的兵垂直在一条线上，这时谁先走谁就会输棋（不论远近，先行不利），这种局面被称作"对峙"。

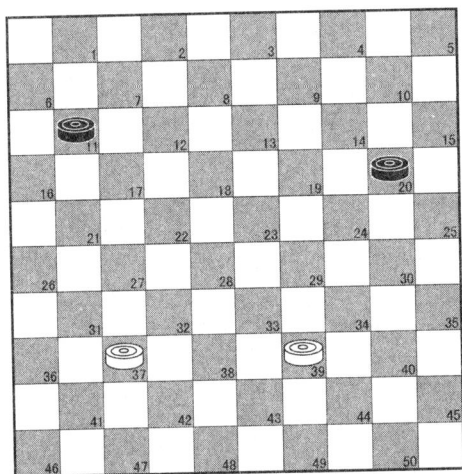

图 4－6

如图 4－6 所示：

1.37—31　……

白方走到 31 位，与 11 位黑兵形成"对峙"。

2.……　　20—24（或 20—25）

3.39—34！

现在棋盘上形成了两组"对峙"，又轮到黑方行棋，黑方此时只能选择弃兵，白胜。

图 4－7

如图 4－7 所示：

1.32—27！……

好棋，控制对方出子。

1.……　　17　21

2.27—22　21—26

3.48—42！26—31

黑方如 16—21，白方则 42—37！21—27，22×31，黑方无子可动。

4.22—17　31—36

5.42—37

　　　　　　　　（2—0）

图 4—8

如图 4—8 所示：

1. 30—25！ 13—19

黑方如果 13—18?，白方则 43—38！ 对峙白胜。

2. 43—39 19—24

黑方如果 19—23，白方则 39—33 胜。19—24 是想 15—20，弃兵再 24—30 突破成王，但是黑方没有料到白方下一步的好棋。

3. 25—20!! 24—30

4. 20—14   30—35

5. 39—34

(2—0)

图 4—9

如图 4—9 所示，白方怎样走才能形成对峙呢？

1. 31—26!! 5—10

白方 31—26 后，黑方 17 位兵和 22 位兵暂时不能动，只能先走 5—10。

2. 32—27   22×31

3. 26×37

兑子后，形成了两组对峙，轮到黑方行棋，白胜。

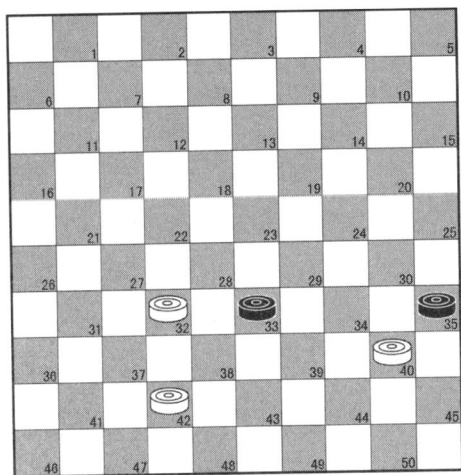

图 4－10

如图 4－10 所示，白方 40 位兵面临被捉的危险，如果简单地走 40—34，黑方则 33—39，34×43，35—40，黑方弃兵突破，和棋。而事实上白方是有妙手的。

1.32—28！33×22

黑方只能用 33 吃子；黑方又如 35×44，白方则 28×50 胜。

2.40—34　······

形成对峙。

2.······　　22—28

3.42—38

(2—0)

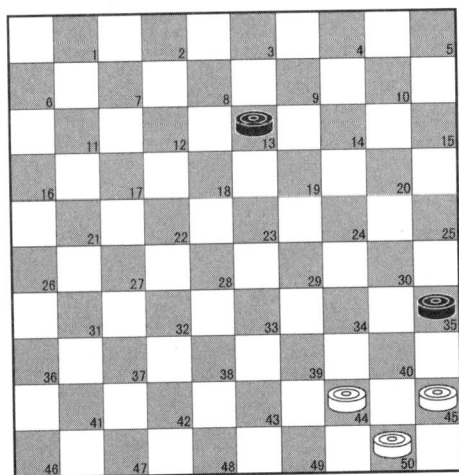

图 4－11

如图 4－11 所示：

1.44—39　13—18

白方 44—39 寻求对峙，并利用黑方 35 位兵。

2.39—33　35—40

黑方 35 被迫弃子；又如黑方 18—22，白方则 33—28，再 45—40，白方利用一个小战术将黑方吃光。

3.45×34　18—22

4.33—28　22×33

5.34—29　33×24

6.50—44　24—30

7.44—40　30—35

8.40—34

(2—0)

69

图 4－12

如图 4－12 所示：

1. 43—39 ……

43—39 是惟一的赢棋方法。如果白方 37—32，黑方则 17—22，接下来的思路是 23—28，再 22—27，弃子突破成王，将出现和棋。

1. …… 17—22

2. 39—34！23—28

黑方积极应对。

3. 33—29 22—27

4. 29—23！28×19

5. 34—29

(2—0)

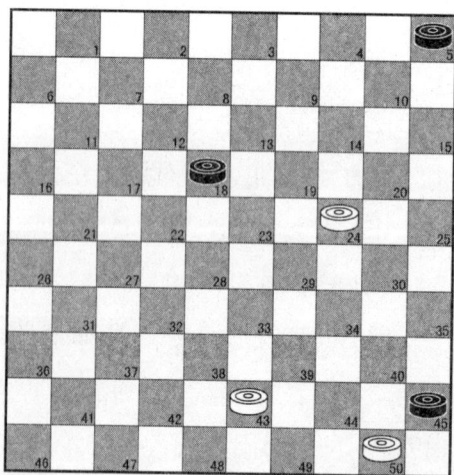

图 4－13

如图 4－13 所示：

1. 43—38！18—23

黑方如果 18—22，白方则 38—32；又如果黑方 5—10，则白方 24—20。两种变化，均是白胜。

2. 24—20！23—29

24—20 一举两得，既限制了对方的 23—28，又限制了对方的 5—10。

3. 20—15 29—34

20—15 是好的等着，同时限制了对方的 5 位兵。

4. 38—33 34—40

5. 33—29 40—44

6. 50×39 45—50

7. 29—24！50×20

8. 15×24

巧妙捉王，并形成对峙！白胜。

图 4—14

如图 4—14 所示：

1. 5—23! 40—45

白王到 23 位，好似在赶着 40 位兵升王。

2. 23—40! 45×34

3. 49—44 4—10

4. 44—39 34×43

5. 48×39 10—15

6. 39—34 15—20

7. 34—29 20—25

8. 29—24

(2—0)

图 4—15

如图 4—15 所示，白方多一个子，通过弃子，形成对峙，速胜。

1. 34—30! 24×35

2. 38—33

(2—0)

71

图 4—16

如图 4—16 所示，白方要防对方 30—35。

1. 38—32! 30—35

2. 39—33! 29×27

3. 40—34

(2—0)

（二）捆绑

捆绑像是拿一根绳子，把对手"捆绑"住。

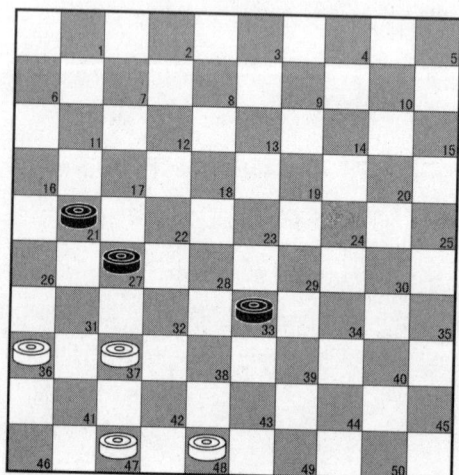

图 4—17

如图 4—17 所示：

1. 48—42 ……

白方 48—42 防黑方 33—39，因有 37—32 得子。

1. ……　　　21—26

2. 42—38!! 33×31

3. 47—42

白方用两子困住黑方三子，黑方只得弃子，白胜。

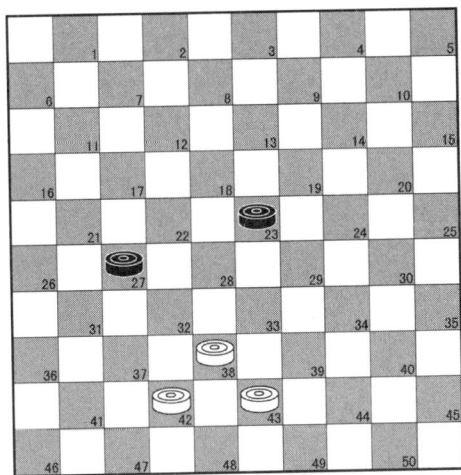

图 4—18

如图 4—18 所示，白方虽比黑方多一兵，但是黑方的兵位置非常好，白方怎么才能获胜呢？

1. 38—33! 27—32

2. 43—39 ……

白方如果心急走 33—28，黑方则 32—37，42×31，23×32，和棋。

2. …… 32—38

3. 42—37! 38×29

4. 37—32

(2—0)

图 4—19

如图 4—19 所示：

1. 32—28! 7—12

黑方如改走 7—11，白方则 27—21! 17—22，28×17，11×22，21—17! 22×11，26—21，11—16，21—17，白胜。

2. 27—21 6—11

3. 19—13! 9×18

4. 21—16!

(2—0)

73

图 4—20

如图 4—20 所示：

1. 37—32! ……

此时，黑方有三种变着：

A. 17—21；B. 17—22；C. 11—16。

分述如下：

A. 17—21

1. ……   17—21

2. 26×17   11×22

3. 32—27!   22×31

4. 36×27   6—11

5. 27—21

(2—0)

B. 17—22

1. …… 17—22	2. 32—27! 22×31
3. 36×27 11—17	4. 27—21 17—22
5. 21—17! 22×11	6. 26—21 11—16
7. 21—17 16—21	8. 17×26

(2—0)

C. 11—16

1. …… 11—16	2. 32—27! 6—11
3. 36—31 23—28	4. 33×22 17×28
5. 27—22! 28×17	6. 31—27

(2—0)

(三) 四七法则

"四七法则"是一条非常重要的残局理论。

如图 4—21 所示，双方各剩下一枚兵，白兵在 19 位，从白方这边算是在第 7 排，点数为 7；黑兵在 17 位，从黑方那边算是在第 4 排，点数为 4，它们的点数差是 3，且轮到了白方行棋，这就是"四七法则"，白方将赢得胜利。演变如下：

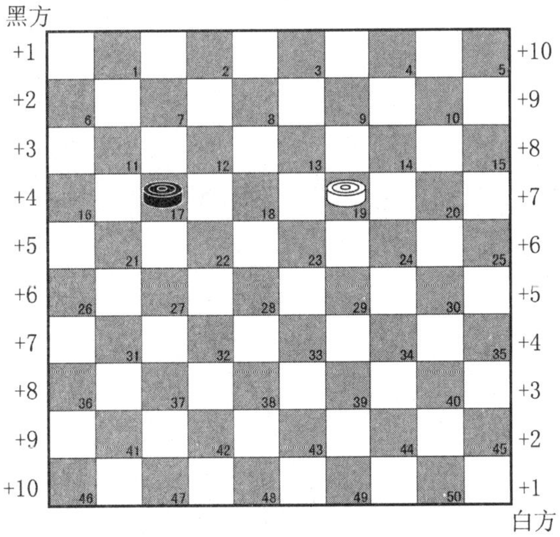

图 4—21

1. 19—14   17—22

2. 14—10   22—28

3. 10—5   28—33

4. 5—32！33—39

5. 32—49

白方三步成王后，快速返回锁住黑兵。

※"四七法则"的要点：一是双方兵的点数差要大于或等于三；二是必须是轮到点数高的那一方行棋。

图 4－22

如图 4－22 所示，白方根据"四七法则"取胜。

1. 18—13　　17—22
2. 13—9　　22—28
3. 9—4　　28—33
4. 4—27　　33—39
5. 27—49　　16—21
6. 26×17

（2—0）

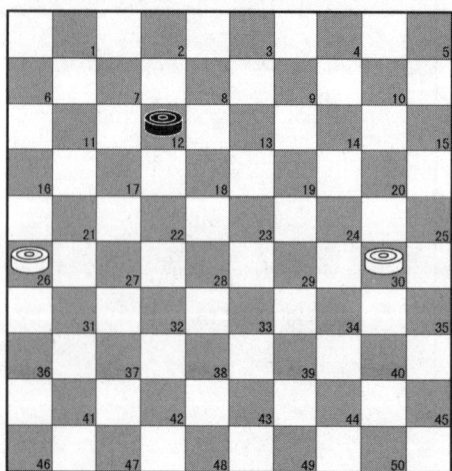

图 4－23

如图 4－23 所示，白方非常巧妙地利用了"四七法则"。

1. 26—21!　……

白方如果 30—24?，黑方则 12—17，和棋。

1. ……　　12—18

2. 30—24!

此时白方 30—24，恰到好处。

黑方若接走 18—22，白方则 21—17，再 24—19；又若黑方 18—23，白方则 24—19，再 21—17。两种变化均是白方主动弃兵，以拖延黑兵速度，点数差大于三，又轮到白方行棋，白胜势已定。

图 4－24、图 4－25，是白方在劣势下利用"四七法则"来求和。

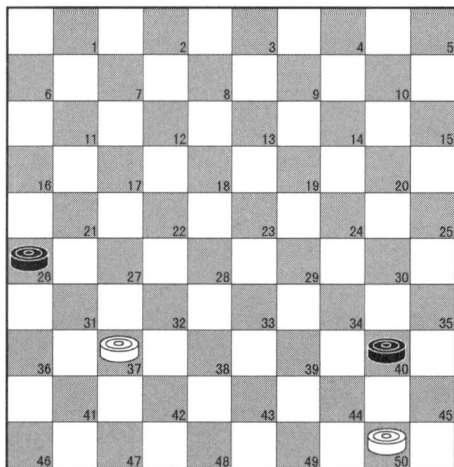

图 4－24

如图 4－24 所示：

1. 37—32　26—31
2. 50—45！40—44
3. 45—40！44×35
4. 32—28

白兵 28 位点数为 5，黑兵 31 位、35 位点数为 7，和棋已定。

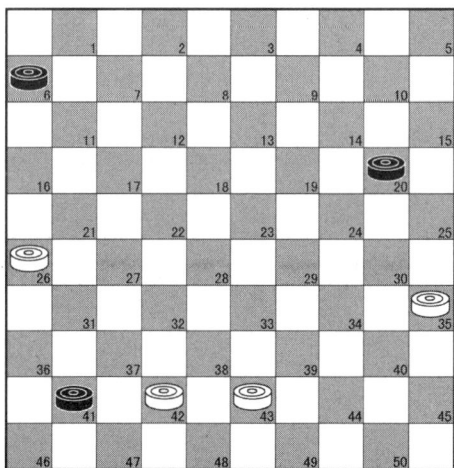

图 4－25

如图 4－25 所示：

1. 42—37！41×32

42—37 延缓对方成王的速度。

2. 26—21！6—11

黑方如果 32—37，白方则 21—17，双方相互升变成王，和棋。

3. 43—38！32×43
4. 35—30！

此时黑方无计可施，和棋。

二、王棋对兵

（一）王棋对兵的基本理论

◎ 大道拦两兵

如图4—26所示，白王占据大道，而黑方的两枚兵任意放在划有黑线的20个棋位中，白方都会取胜，这就是"大道拦两兵"。

具体着法：黑兵不论在哪里（划有黑线的棋位中），白王只需在大道上走等着，在5—46、46—5、5—46几个回合后，黑兵就会因无路可走而自动弃兵。

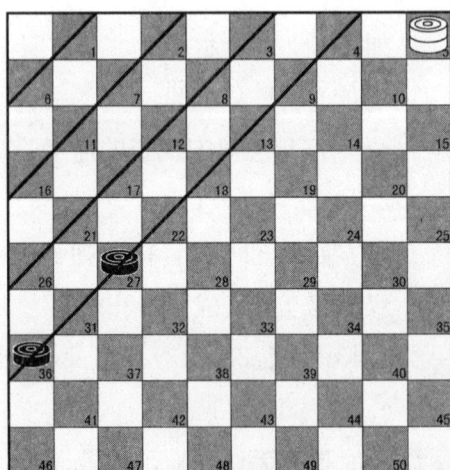

图4—26

1.5—46	27—31
2.46—5	36—41
3.5×46	31—36
4.46—5	36—41
5.5×46	
	(2—0)

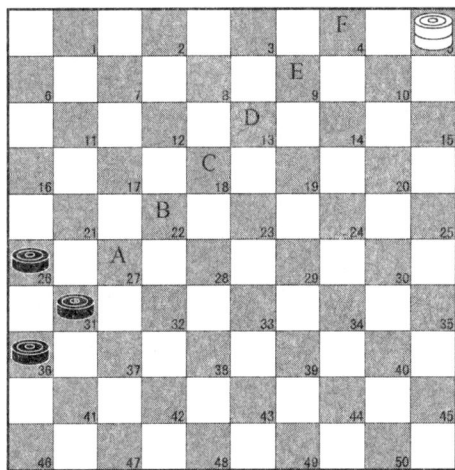

图 4－27

如图 4－27 所示，这是王棋在大道上拦三兵的特殊情况。黑方虽然有三枚兵，但 26 位兵反而是弱点，会招致败局。

如果黑兵 36 和 31 不动，黑兵 26 改放在 A、B、C、D、E、F 任意位置，都将是和棋。而黑方将通过弃两兵，再 36—41 突破成王。

※ 结论：一枚王棋在大道上只能拦住两个兵。

◎ 双重道拦三兵

如图 4－28 所示，白王占据（1～45）双重道，而黑方的三枚兵任意放在划有黑线的 16 个棋位中，白方都会取胜，这就是"双重道拦三兵"。

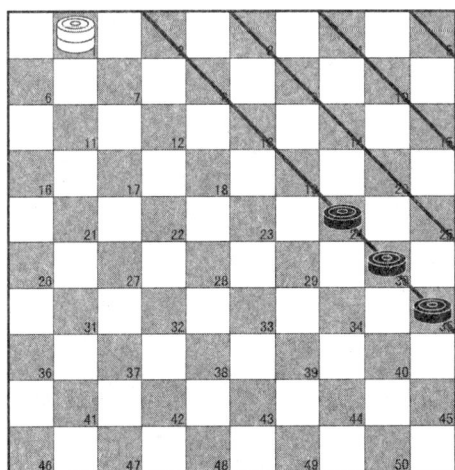

图 4－28

具体着法：黑方三枚兵随意放在划有黑线的 16 个棋位中，白方只需在（1～45）双重道上走等着。

1.1—45 30—34

黑方只得弃兵。

2.45×15 35—40

3.15—33! 40—45

白王回到 33 位，选点正确。

4.33—50!

（2—0）

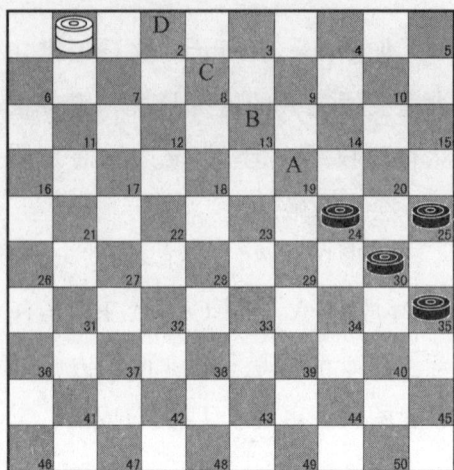

图 4—29

如图4—29所示，这是王棋在双重道上拦四兵的特殊情况。黑方虽然有四枚兵，但25位兵反而是弱点，因此这个局面是白胜。如果黑兵35、30、24不动，黑兵25改放在A、B、C、D任意位置上，黑方将连弃两兵，引白王离开双重道，再用另外两兵35和30在50位上突破成王。

※ 结论：一枚王棋在双重道上只能拦住三个兵。

◎ 少数棋型拦多兵

图4—30、4—31白王是在极个别的情况下，拦住4个和6个黑兵。

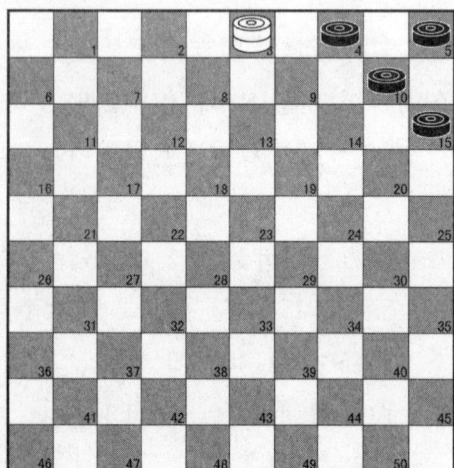

图 4—30

图 4—31

(二) 一王对两兵

一王对两兵，通常是可以取胜的（除非两兵的那一方位置极佳或即将升变），取胜方法有三种。

◎ 叉子法

王棋同时控制一左一右两枚兵，呈现"叉子"形状。

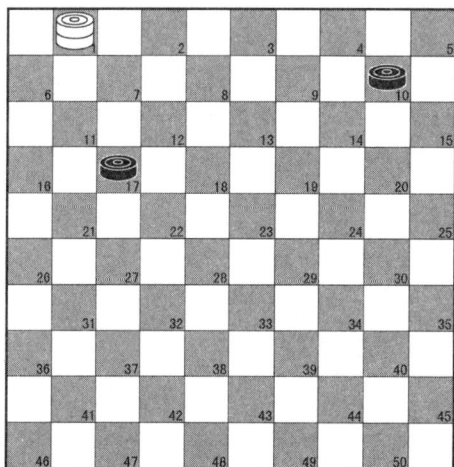

图 4—32

如图 4—32 所示：

1. 1—23   10—15
2. 23—28   17—21
3. 28—32   21—26
4. 32—37   15—20
5. 37—42   20—25
6. 42—48

白王像叉子一样，叉住了对方两枚兵，白胜。

图 4—33

如图 4—33 所示：

1. 16—43　30—35

2. 43—34　1—6

3. 34—7！

白王间接叉住了对方两枚兵，白胜。

◎ 混合法

一枚兵在边上，一枚兵在中间，白王运用叉子法与对峙相结合的方法取胜。

图 4—34

如图 4—34 所示：

1. 19—24　18—22

如黑方 18—23，白方则 24—33，混合法胜。

2. 24—38　22—28

白王到 38 位，阻止黑兵到 27 位。

3. 38—24　28—32

4. 24—42　……

这就是混合法。

4. ……　　15—20

5. 42×15　32—37

6. 15—47

(2—0)

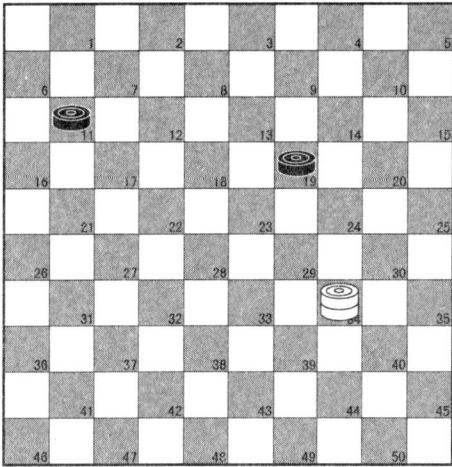

图 4—35

如图 4—35 所示:

1.34—39! 11—16

白王捉 11 位兵,迫使它靠到边上,好棋。

2.39—43   19—23

黑方如 19—24,白方则 43—38,24—30,38—43,30—35,43—49,叉子法取胜。

3.43—38!   23—28

白王断住黑兵,这是混合法的关键手段。

4.38—27   28—33   5.27—43   16—21

6.43×16   33—39   7.16—49

(2—0)

◎ 链条法

白王赶对方的两枚兵至一条斜线上,并从后面像"链条"一样牵制对方。

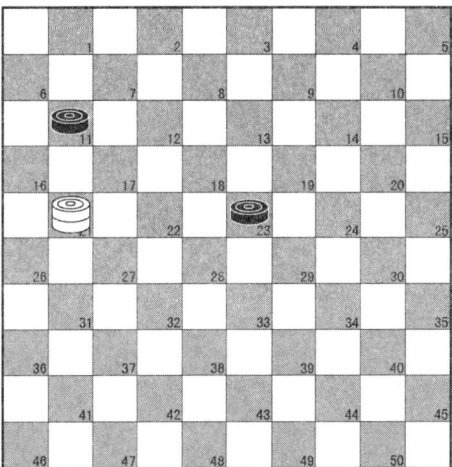

图 4—36

如图 4—36 所示:

1.21—16! 11—17

在一王对两兵的残局中,每一着都要发挥最大的作用。白王到 16,阻止 11 位黑兵至 16 位,同时为形成"链条"做铺垫。

2.16—7   23—28

至此,黑方两兵已被白王赶到一条斜线上。

3.7—16! ……

制胜关键一着，控制 16～49 这条道。

3.······ 　　　28—33

黑方如 17—22，白方则 16—38！同时控制了 22 和 28 两兵，白胜。

4.16—43！17—22

白王拦住前方的兵，思路正确。

5.43—16！······

再次回到 16 位，既是等着，又为从后面攻击对方做准备。

5.······ 　　　33—39

黑方如 22—28，白方则 16—43！手法灵活。

6.16—11！

此时，"链条"浮出水面，白胜定。

图 4—37

如图 4—37 所示：

1.3—20！······

白方的方向正确，控制住 15～47 这条道。需要注意的是，28 位黑兵还有四步棋成王。

1.······ 　　　28—32

28—32 是最顽强的应着。黑方如 13—18，白方则 20—9！18—23，9—14，白方得子胜。黑方又如 13—19，白方则 20—15！28—32（19—23？15—38）15—10！形成"链条"。

2.20—15！！13—18

黑方如 13—19，白方则 15—10。黑方又如 32—37，白方则 15—4，13—19，4—10，白胜。

3.15—4　18—23

4.4—15！······

白方如误走 4—10，黑方可 23—28，再 28—33，弃 32 位兵去升王，白王来不及拦截，和棋。

4. ……   32—37

黑方如果 23—28，白方则 15—42！白胜。

5. 15—10

再次形成"链条"。

（三）一王对三兵

一般情况下，一王对三兵都是和棋。此处所选四则残局，均为巧胜。

图 4—38 与图 4—27 类似，王棋在大道上巧胜三兵，不过图 4—38 明显要难一些。

图 4—38

1. 5—32！ 13—18

拦住最前面的兵，缩小对方空间。

2. 32—19！ 22—27

黑方无法避免白方的 19—13。

3. 19—13   18—23

4. 13×4   27—32

5. 4—15！

形成上一讲的"链条"，白胜。

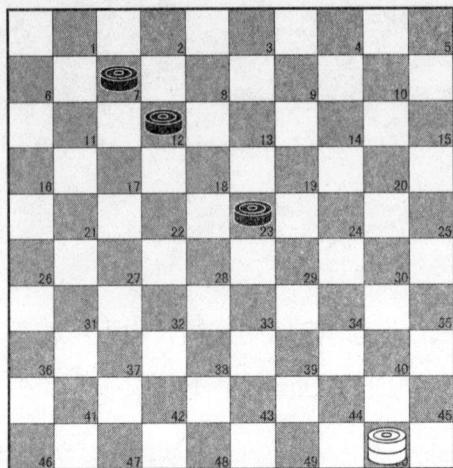

图 4—39

如图 4—39 所示，其与图 4—38 赢棋的思路是一致的。

1. 50—33! 12—18
2. 33—17 23—29
3. 17—12 18—22
4. 12×40 7—11
5. 40—23

"大道上拦两兵"，白胜。

图 4—40

如图 4—40 所示：

1. 16—21 12—18
2. 21—27 18—23

黑方若弃掉兵，也将于事无补。

3. 27—38!

道理是不变的，拦住最前面的兵，白胜。

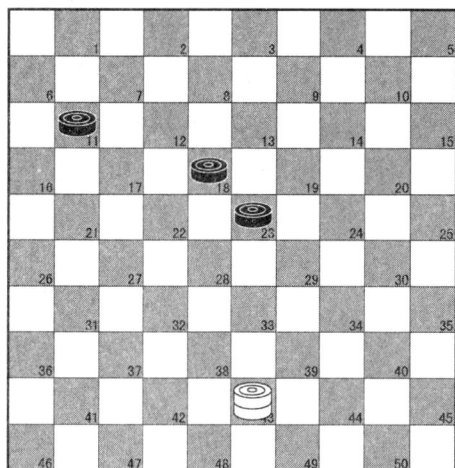

图 4—41

如图 4—41 所示：

1. 43—16! 11—17

2. 16—32 23—29

白方的这个顿挫非常漂亮。

3. 32—23 18—22

4. 23×40 22—28!

5. 40—49!

白方控制 16～49 这条道，正确，即将形成"链条"。

黑方如接走 17—22，白方则 49—38，胜。

黑方又如 28—33，白方则 49—43! 17—22，43—16，33—39，16—11，白得子胜。

（四）一王对四兵

一枚王棋对四枚兵，输的可能性是非常大的。如果能和下来，就令人意外；而如果是赢棋，则是很幸运的了。

"王对兵"的残局讲到这里也大致可以想象为：一枚王棋相当于三枚兵，特殊情况下，王棋的威力会更大一些。

图 4-42

如图 4-42 所示，看似白王占据 4～36 这条道，拦住四兵，其实不然，黑方可以巧妙成和。

1. 4—36　12—17
2. 36—4　17—21
3. 4—36　21—26
4. 36—4　7—12
5. 4—36　2—8
6. 36—4　12—17
7. 4—36　17—22
8. 36×2　26—31
9. 2—19　3—8
10. 19×2　31—37
11. 2—19　37—42

黑方以弃三兵为代价，冲过大道，升变成王，和棋。

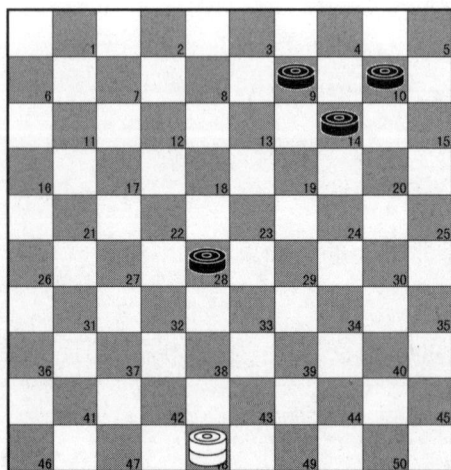

图 4-43

如图 4-43 所示，白王利用黑方 9 位、10 位的弱点，巧胜四兵。

1. 48—37！28—33
2. 37—42！33—39
3. 42—15！

黑方只能任白王吃掉 39 位、9 位、10 位三兵，白胜。

三、王棋对王棋

（一）一王对一王，和棋；一王对两王，和棋

下面，我来介绍几种两王巧胜一王的情况，单王的那一方要特别注意。

王棋的威力不言而喻，在下棋的过程中，要发挥出王棋的最大功效，同时也要保护好自己的王棋，避免受到对方的攻击，甚至被对方消灭。而对手一定在绞尽脑汁、想方设法吃掉你的王棋。通常来说，捉王的方法有两种。

◎ 扣子

图4—44

如图4—44所示：

1. 46—19! 2×24（或2×30）

2. 35×2

白方成功捉王。

白方捉王的形式，有如衣服上的扣子。

国际跳棋基础

◎ 窒息

当无法直接吃掉这枚王棋时，可以用己方的子力或借助对方的子力堵住这枚王棋的出口，使它因无路可走而落败。这种情况被称作窒息。

图 4—45

如图 4—45 所示，黑方 15 位王棋被困在了三联道上，无路可走，只得弃王，白胜。

图 4—46

如图 4—46 所示：

1. 50—45！ 1—6

2. 44—50   6—1

3. 50—6！

黑王被困在了双重道上，白胜。

（二）四王必胜一王

四枚王棋必胜一枚王棋，下面我来介绍两种最常用的捉王定式。

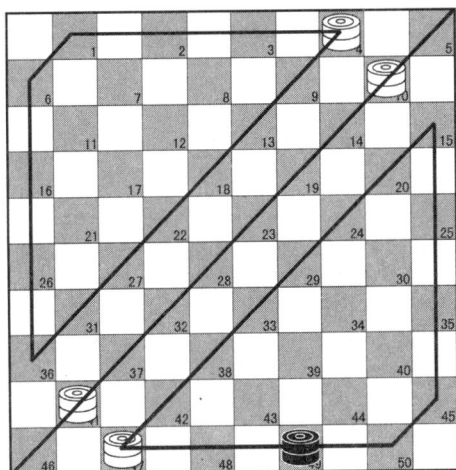

图 4—47

如图 4—47 所示：

1.47—38! 49×46（或 49×5）

2.10—5（或 41—46）

（2—0）

白王 10 和 41 控制大道，4 位王棋控制了三联道上半区域，47 位王棋控制了三联道下半区域。

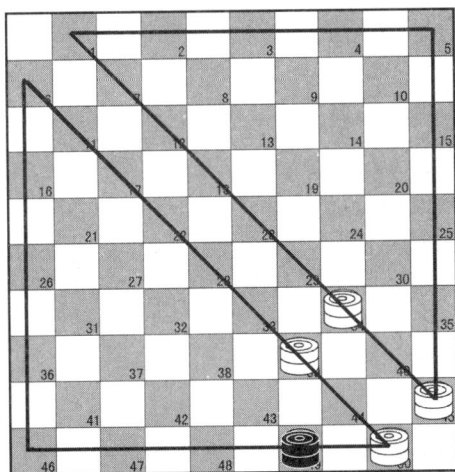

图 4—48

如图 4—48 所示：

1.39—44! 49×1

2.50—6

（2—0）

白王 34 和 45 控制了双重道的上半区域，另两个王棋控制了双重道的下半区域。

91

记住这两个捉王的定式，不论黑王在哪里，都可以通过弃王的手段，引黑王进入事先设计的"扣子"里，并将它消灭掉。

（三）五王必胜两王

五枚王棋是必胜两枚王棋的，有两种方法：①兑换一枚王棋，形成四王必胜一王的局面。②运用五王捉两王的定式。

◎ **黑方两枚王棋占据双重道的情况**

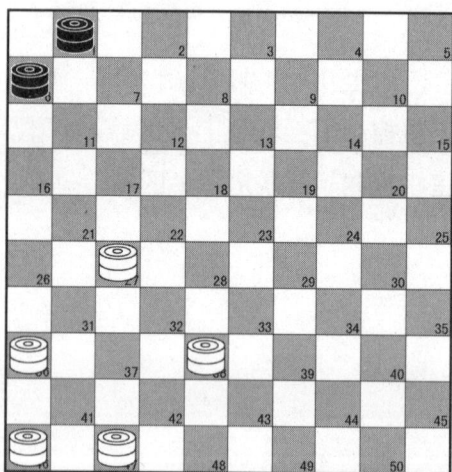

图 4—49

如图 4—49 所示：

1. 46—5！……

好的等着。白方现在的捉王"扣子"，还不能发挥作用。

1. ……   1—45

黑方如走 1—7、1—12、1—34 或 1—40，白方则 5—28，胜。

黑方如走 6—11、6—17、6—39 或 6—44，白方则 5—23，胜。

黑方如走 6—50，白方则 5—28，胜。

2. 5—28 ……

此时，白方亦可 5—23，黑方只有 45×31，36×22！6×42，47×15，胜。

2. ……   6×42   3. 47—29！ 45×31

4. 36×4

白方先后牺牲了四枚王棋，换来最终胜利。

◎ **黑方两枚王棋占据大道的情况**

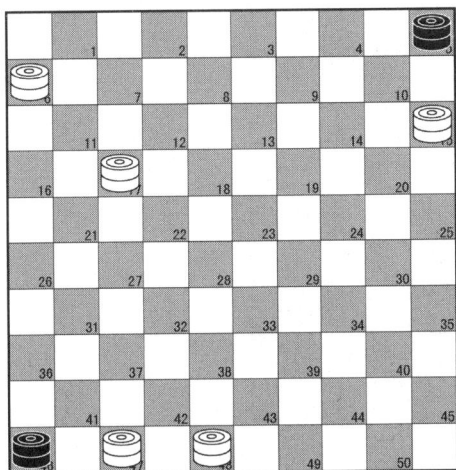

图 4—50

如图 4—50 所示：

1. 17—22 ……

同样是非常好的一步等着。

1. ……   46—23（或 46×19）

黑方如果动 5 位的王棋，白方均可以 48—37 轻松取胜。

而黑方如果改走 46—32，白方则 15—10，5×11，6×46，胜。黑方又如改走 46—14，白则 47—20！4×25，15—10，5×11，6×39，25×43，48×25，胜。

2. 15—10！5×14

3. 47—41！23×46（或 19×46）

4. 48—37   46×11

5. 6×5

(2—0)

小练习

用已学到的五王捉两王的技巧来做图 4—51。

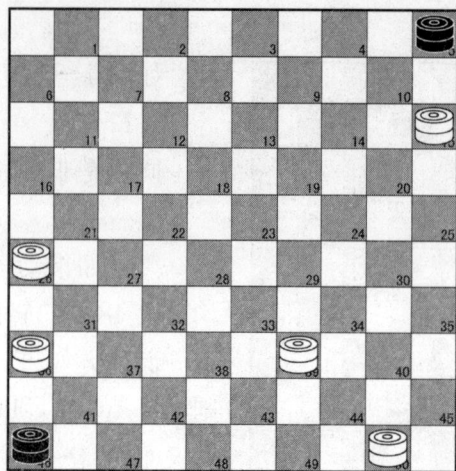

图 4—51

(四) 三王对一王

第一章介绍了和棋的判定，其中第 5 条为"一方有三枚王棋对单王，双方在'16 回合'内未分胜负，判为和棋"。

三王对一王的结果多数都是和棋，但若是单王方应对不当，也会有危险。当然，单王方如果顺利地占据大道，那么就会轻松和棋。

在下面四则残局中，黑王的位置非常不好，最终导致输棋。

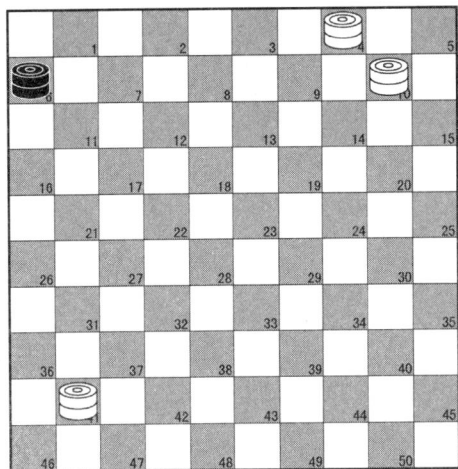

图 4－52

如图 4－52 所示：

1. 4—22　6×5（或 6×46）

2. 41—46（或 10—5）

白王与黑王在大道上形成了对峙，刚好轮到黑方行棋，白胜。

图 4－53

如图 4－53 所示：

1. 37—48！……

白王退到 48 位，与另外两枚王棋形成了很好的配合。

1. ……　　8—2

黑王如 8—3，白方则 49—21！，黑方如 3×26，白方则 18—31！胜。

2. 48—30！2×35

3. 18—40　35×44

4. 49×35

（2—0）

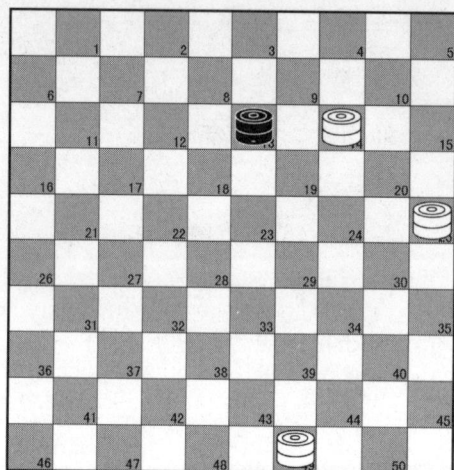

图 4—54

如图 4—54 所示：

1. 49—35！13—4

黑方如 13—2，白方则 14—19 捉王胜。黑方又如 13—18，白方则 35—13，18×20，25×3，白胜。

2. 35—24　4—15

3. 25—20　15—4

4. 14—10　4×15

5. 24—47

（2—0）

图 4—55

如图 4—55 所示：

1. 41—47　15—4

2. 32—38！4—36

黑方如 4—9、4—13、4—18 或 4—22，白方则 37—14、37—19、37—23 或 37—28，"扣子"捉王。

3. 38—15　36—18

4. 37—31　18×36

5. 15—4

（2—0）

四、王兵对王兵

王兵对王兵的残局，繁杂且难度极大，这里所选的 11 则残局具有基础性和精巧性，希望可以拓宽你的残局视野，启迪残局思路。

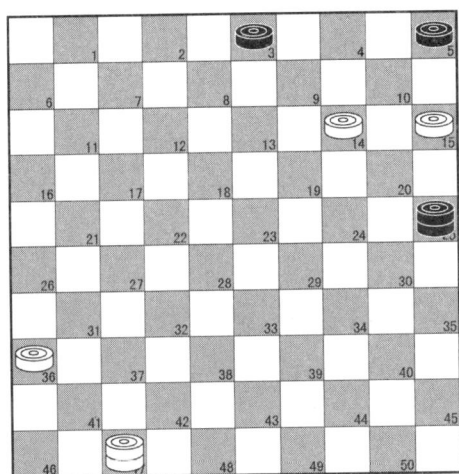

图 4—56

如图 4—56 所示：

1. 15—10　25×9

2. 47—15　5×14

3. 15—4

白方巧妙捉王，白胜。

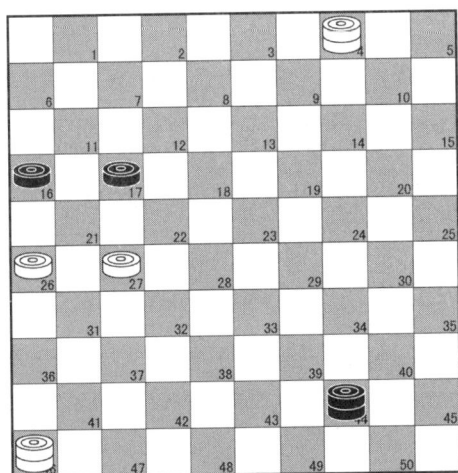

图 4—57

如图 4—57 所示：

1. 26—21！17×26

2. 27—21！16×27

黑方如 26×17，白方则 46—28，44×22，4×27，白胜。

3. 4×31　26×37

4. 46×50

(2—0)

图 4—58

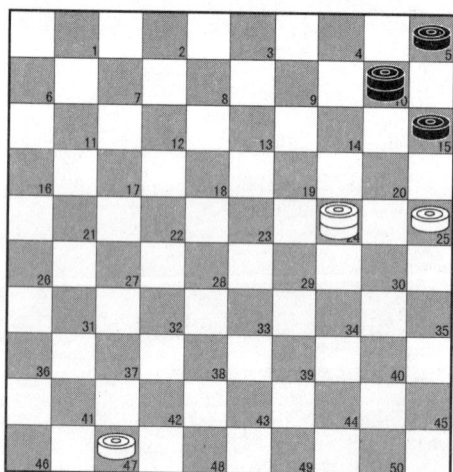

图 4—59

如图 4—58 所示：

1.24—20！25×14

2.29—23

接下来，黑方有三种变化：

A. 黑 14—19，白 23×14，黑 5×40，白 45×1，白胜；

B. 黑 14—20，白 23—19，黑 5×40，白 45×1，白胜；

C. 黑 5—10，白 23—19，黑 14×23，白 34—29，黑 23×34，白 45×5，白胜。

如图 4—59 所示：

1.47—41！10×46

2.25—20！……

25—20 夹住 15 位黑兵，使其不能动弹，并为己方所用，这种手段俗称"跳板"。

2.……　　5—10

黑如 46—41、46—37、46—32、46—28 或 46—23，白则 24—35，15×24，35×46，白胜。

黑如 46—10，白则 24—47，15×24，47×4，白胜。

3.24—35！15×24

4.35×5

（2—0）

— 98 —

图 4－60

如图 4－60 所示：

　　1.19—14！32×10

　　2.2—24！……

白方的思路渐渐显现出来。

　　2.……　　　　　10—14（10—23、

10—28、10—32 或 10—37）

　　黑如 10—4，白则 24—13，捉王。

　　黑又如 10—46，白则 25—20，白胜。

　　3.36—41！14×46（23×46、28×46、32×46 或 37×46）

　　4.25—20！

形成"跳板"，具体着法参见上局，白胜。

图 4－61

如图 4－61 所示：

　　1.34—30！24×35

　　2.25—20！14×25

　　3.6—28！

白方伏有 28—46 的捉王手段，黑王在劫难逃。

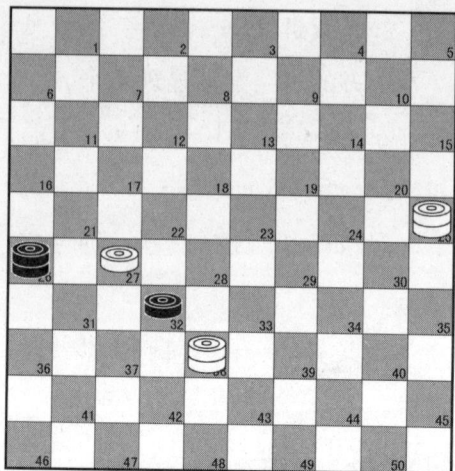

图 4—62

如图 4—62 所示：

1. 38—29！ 32×21

2. 29—12！

(2—0)

黑如接走 21—27，白则 25—3；
黑又如 26—48，白则 12×26，
白胜。

图 4—63

如图 4—63 所示：

1. 34—30　25×34

2. 19—2！

(2—0)

黑如接走 40—44（或 40—49），
白则 45—40，44×8（或 49×8），
2×48，白胜。

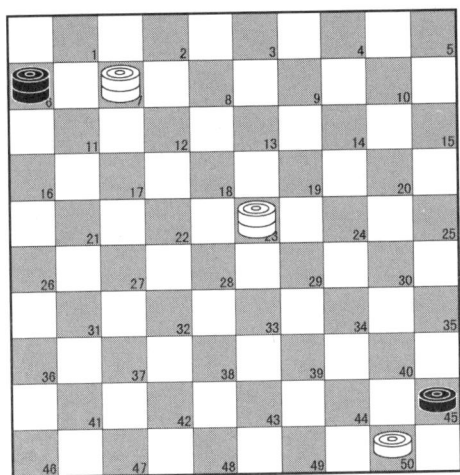

图 4—64

如图 4—64 所示：

1.23—29! 6—1

黑方另有两种变化：

A.6—44! 白 50×39，黑 45—50，白 29—33，黑 50—45，白 7—1，黑 45—50，白 33—6，白胜。

B.6—17（6—22、6—28 或 6—39），白则 7—11! 黑 17×6（22×6、28×6 或 39×6），白 29—1! 黑 6—22，白 50—44，黑 22×50，白 1—6，白胜。

2.29—40! 45×34

3.7×45　1—6

4.45—34

伏有 34—39，黑如接走 6—1，白则 50—45，白胜。

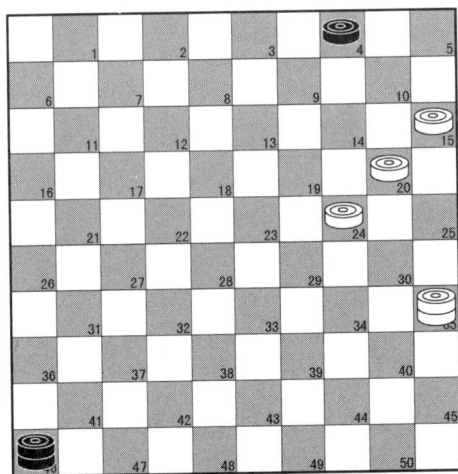

图 4—65

在图 4—65 中，24 位是一枚兵；而在图 4—66 中，24 位是一枚王棋，这两个定式要知道。图 4—65 是和棋；图 4—66 是白胜。

101

图 4—66

如图 4—66 所示：

1.15—10　4×15

黑如 46×5，白则 20—14 胜。

2.35—49　……

等着！

2.……　　46—5

黑王此时很尴尬，如走到 41、37、28、23、10 任意位置，白方立即 24—35，利用"跳板"捉王。

3.49—40　5—46

白方依然是等着。

4.40—35　……

白方三步等着后，还原图 4—66，只不过此时轮到了黑方行棋。

4.……　　46—5

5.20—14

（2—0）

现在是否明白为何图 4—65 中白方不能取胜了吗？因为 15—10 后，24 位是兵，不能有效地牵制黑王，起不到"跳板"的作用，所以是和棋。

小练习答案

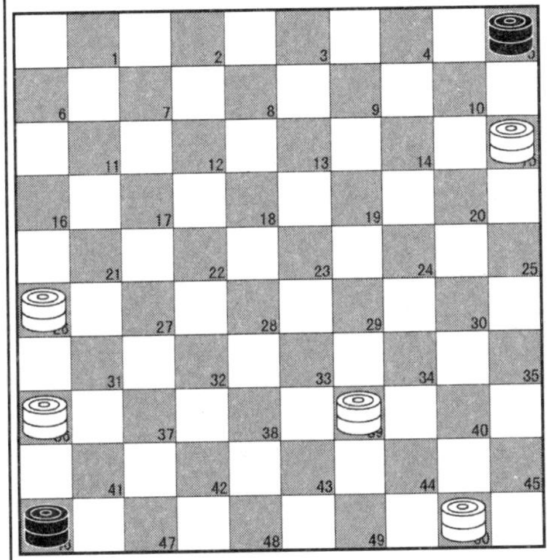

图 4—51

1. 39—33　　46—23 （或46—19）

黑方如果动5位的王棋，白方均以26—37取胜。

而黑如改走46—32，白则15—10，黑5×44，白50×46胜。黑又如46—14，白则36—9！黑14×3，白15—10，黑5×44，白50×17，黑3×21，白26×3胜。

2. 15—10　5×14

3. 36—41　23×46（或19×46）

4. 26—37　46×44

5. 50×5

（2—0）

103

第五章 中 局

一局棋，若开局得利、占尽先机，则争取通过中局扩大战果；若开局不慎、处于下风，则要通过中局来扭转形势。

中局无章可循，瞬息万变。

一、中局的基本理论

（一）中心和侧翼的划分

如图 5-1 所示，我们从棋盘中心将它一分为二，阵型的左右均衡，是下棋中的永恒理念。

如图 5-2 所示，侧翼（左翼和右翼）。

如图 5-3 所示，6、16、26、36、46；5、15、25、35、45 是双方的边位。22、23、24、27、28、29 是中心。

如图 5-4 所示，通常来说，中心兵的价值要大于边位兵的价值。

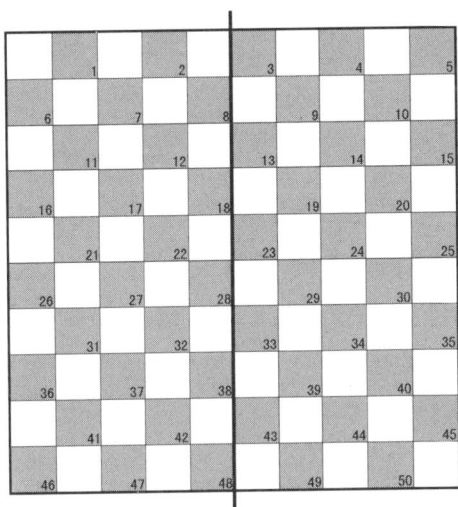

图 5—1

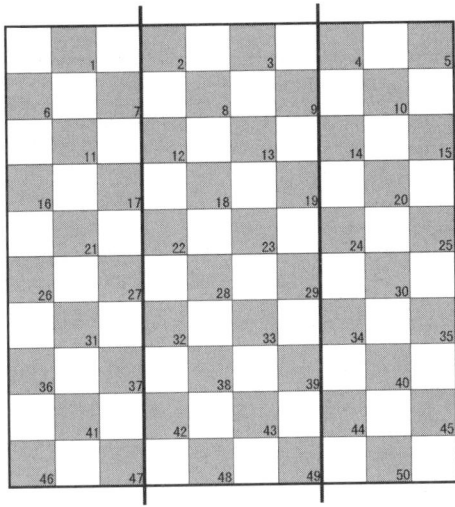

图 5—2

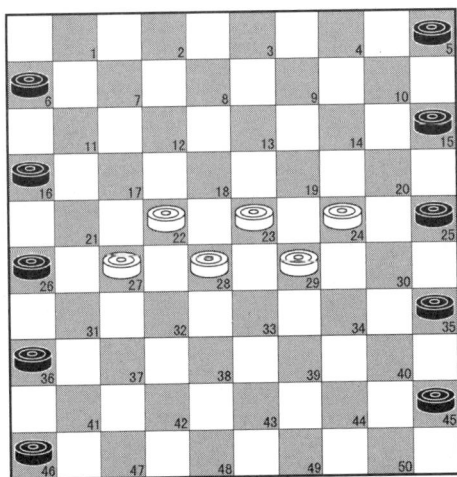

图 5—3

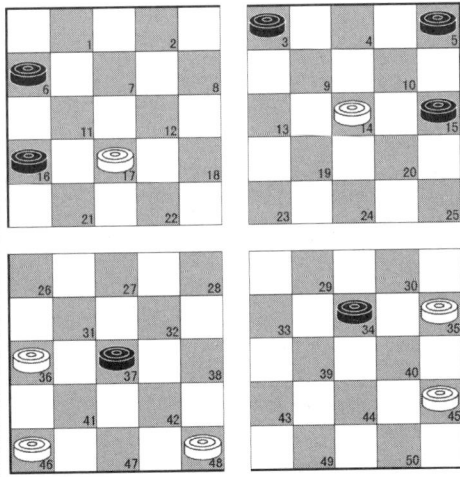

图 5—4

（二）战略性的棋位

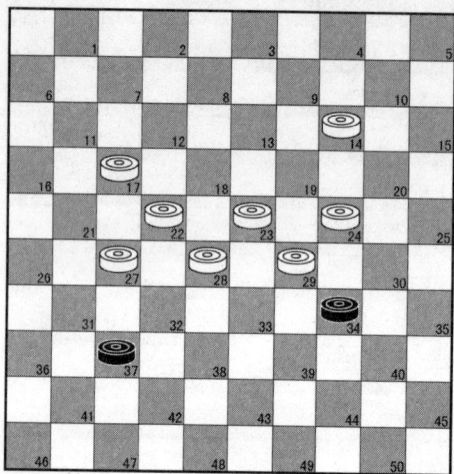

如图 5-5 所示，对于白方具有战略意义的棋位是 14、17、22、23、24、27、28、29 位；对黑方来说是 22、23、24、27、28、29、34、37 位。

图 5-5

（三）边位

以白方为例，白方的兵走到 6 位、15 位、16 位、25 位和 26 位这些边位，在实战中都是经常出现的。

边位的兵具有一定的牵制和控制对方的作用，而棋手也要防范对方利用边兵来谋划打击。边位的兵有两面性，要因形势而判断。

（四）落后兵

不能积极参加战斗的兵，被称作落后兵。5 位、6 位、15 位（白方是 46 位、45 位、36 位）上的兵容易形成落后兵。

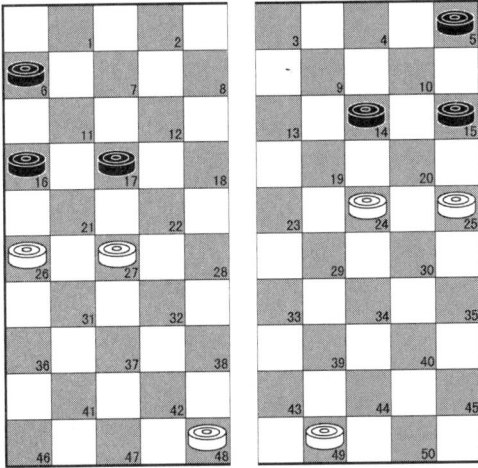

图 5-6

如图 5-6 所示，6 位因 17 位而形成落后兵；5 位因 14 位而形成落后兵。

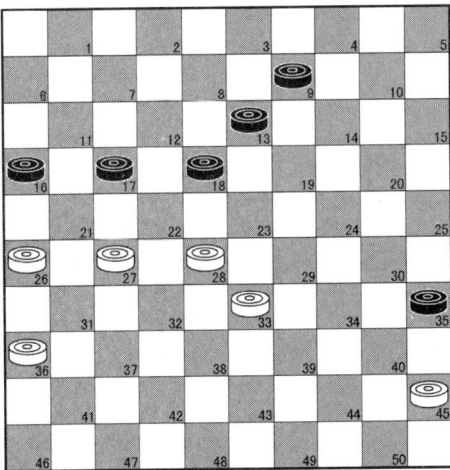

图 5-7

如图 5-7 所示，36 位因 27 位而形成落后兵。

如图 5－8 所示，15 位因 24 位而形成落后兵。

图 5－8

（五）悬兵

被自己的棋子挡住不能前进，又没有后援接应，悬在"半空"的棋子，被称作"悬兵"。

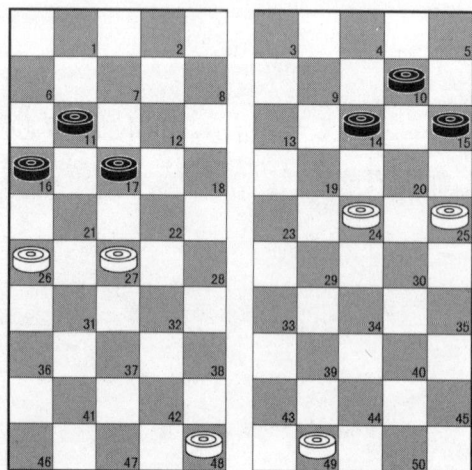

如图 5－9 所示，10 位和 11 位是悬兵。如果将这两枚兵分别向后退一步，即 5 位和 6 位，则形成落后兵，体会一下，这就是落后兵与悬兵的微妙变化。

图 5－9

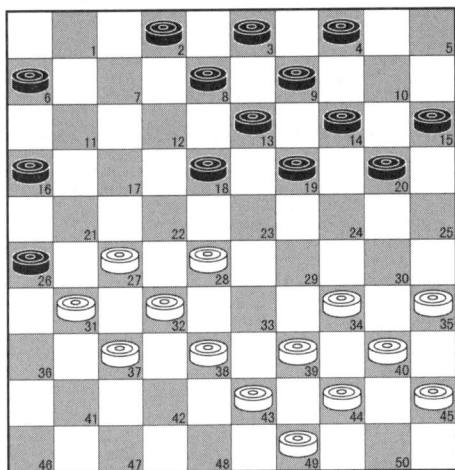

图 5-10

如图 5-10 所示，31 位是悬兵。

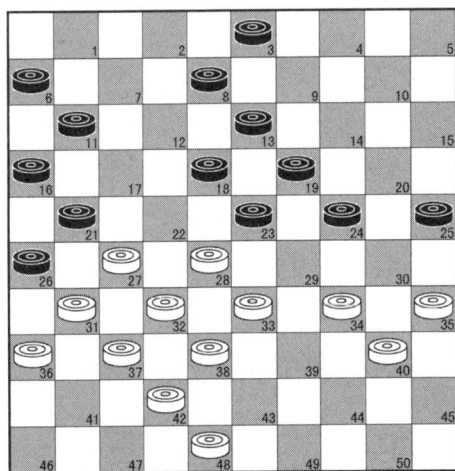

图 5-11

如图 5-11 所示，40 位是悬兵。

(六) 孤兵

孤立无援的兵，被称为孤兵。孤兵明显脱离己方的队伍，容易遭到对方的包围和攻击。

图 5—12

如图 5—12 所示，白方 23 位、28 位、38 位、37 位、36 位五个兵将黑方的 27 位孤兵层层包围。

1.37—31！

白方成功歼灭黑方的孤兵，胜定。

图 5—13

如图 5—13 所示，黑方 32 位兵明显脱离了己方的队伍，孤军深入，白方计划对它施行围攻。

1.49—43！

无论黑方如何应对，白方均以 42—38，再 47—42 得子取胜。

落后兵、悬兵、孤兵都会为棋手的阵型增加风险和负担，要在实战中避免其发生。

二、纵队的探究

国际跳棋是非常讲究如何构建棋型的，好的棋型是成功的基础。

那什么是好的棋型呢？

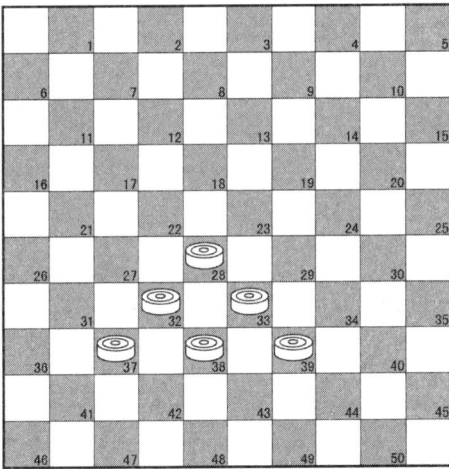

图 5—14

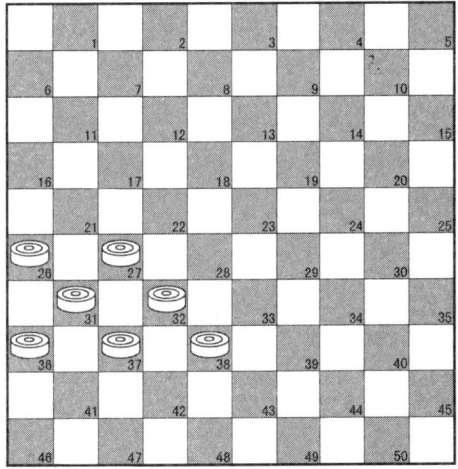

图 5—15

图 5—16

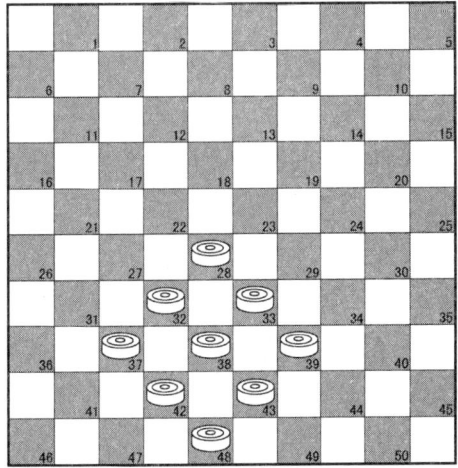

图 5—17

— 111 —

图 5—18

图 5—19

图 5—20

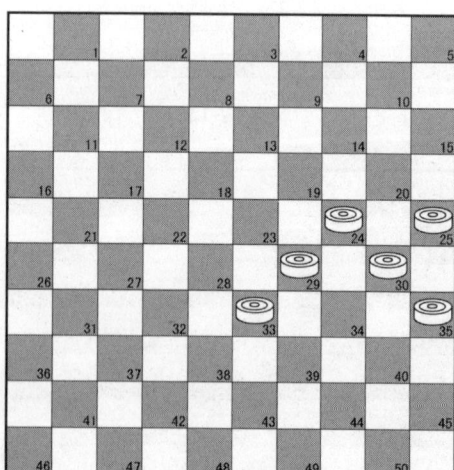

图 5—21

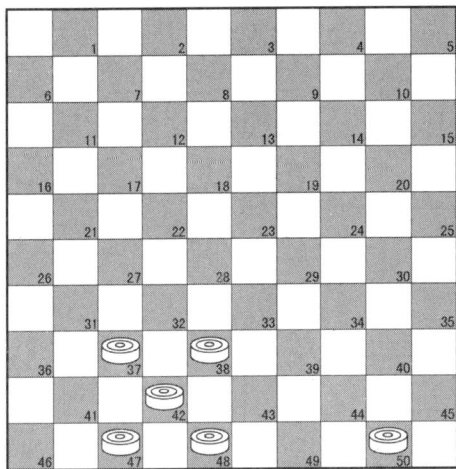

图 5—22

观察这些棋型，（图 5—14～5—22），它们具有共同的特点：子力之间有着密切的联系，构架灵活且攻守兼备。

我将这些阵型列在此处，目的有二：一是让你提前感受到阵型的意义；二是引出"纵队"。

在一条斜线上，三兵相连的棋型被称为"纵队"。如图 5—23 所示。

图 5—23

图 5—24

在边线或底线上，两兵相连亦被称为"纵队"。如图 5—24 所示。

图 5—25

需要特别说明的是：

白兵在 45 位和 40 位（黑兵则是在 6 位和 11 位）所形成的棋型被称为"奥林匹克阵型"。如图 5—25 所示。

奥林匹克阵型会引发许多战术打击，菲立普打击和王式打击就是利用了奥林匹克阵型。

在对弈的过程中，要注意自己的阵型是否有纵队。我们可以利用纵队实施战术打击；借助纵队组建棋型；通过纵队进行兑子。

现在，我们来分析如何通过纵队兑子来进行攻守。

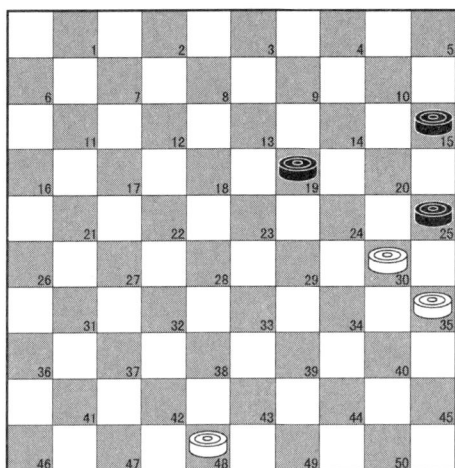

图 5—26

如图 5—26 所示：

1. 30—24 19×30

2. 35×24

白方通过兑子占据 24 位，从而控制了黑方的两枚边兵。

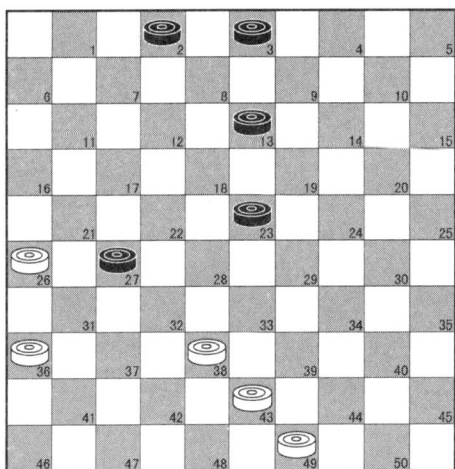

图 5—27

如图 5—27 所示：

1. 38—32 27×38

2. 43×32

白方利用 38、43、49 这条纵队与占据 27 位的、具有战略意义的黑兵进行兑子。

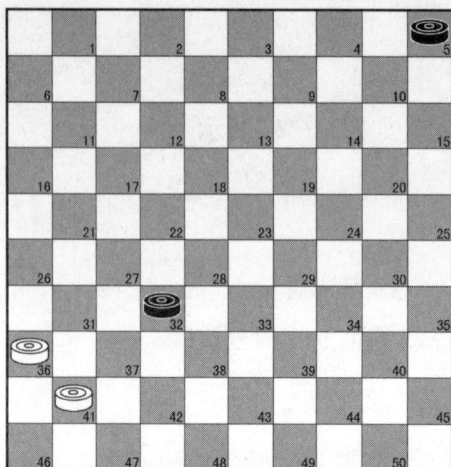

图 5—28

如图 5—28 所示：

1. 41—37　32×41

2. 36×47

白方利用兑子进行防守。

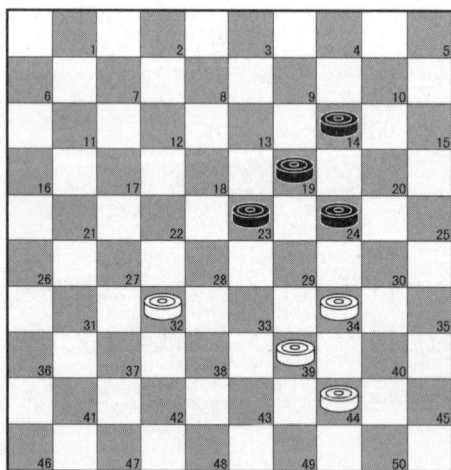

图 5—29

如图 5—29 所示：

1. 32—28　23×32

2. 34—29　24×33

3. 39×37

白方进行了两子兑换，简化局势，以寻求和棋。

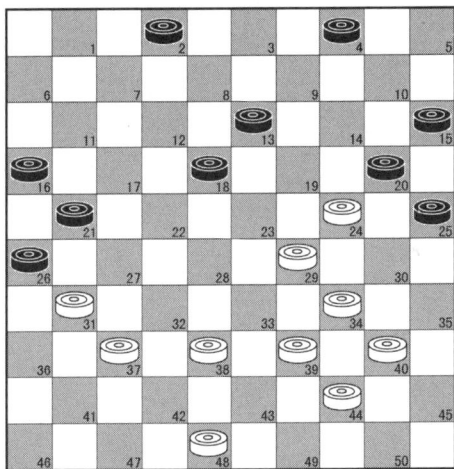

图 5—30

如图 5—30 所示：

1. 29—23 18×29

黑方如 20×29，白方则 23×12！

2. 24×33

白方兑子返回，对己方的战略
重新部署。

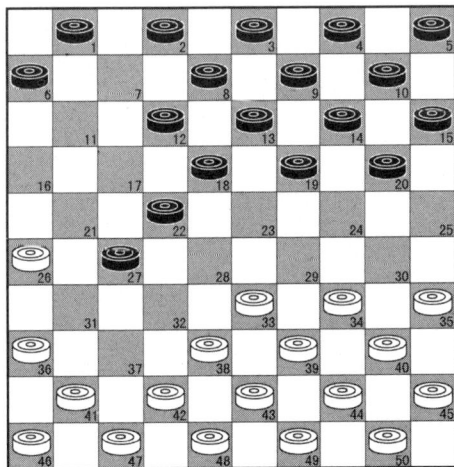

图 5—31

如图 5—31 所示：

1. 33—28！22×33

2. 39×28

白方与黑方 22 位兵兑换，切断
了 27 位黑兵与其他子力之间的联
系，使之成为孤兵。

兵在走子时，只能向前，不能后退。但是通过兑子，就可以达到后退
的目的。往前兑，向后兑，左子右调，右子左调，还可以通过兑子切断对
方子力之间的联系，或达到调整己方阵型的目的。可见，兑子也是国际跳
棋中非常重要的手段。

三、牵制

"牵制"即用少数子力来牵制对方的多数子力。我们来看几个局面，体会一下牵制的意义。

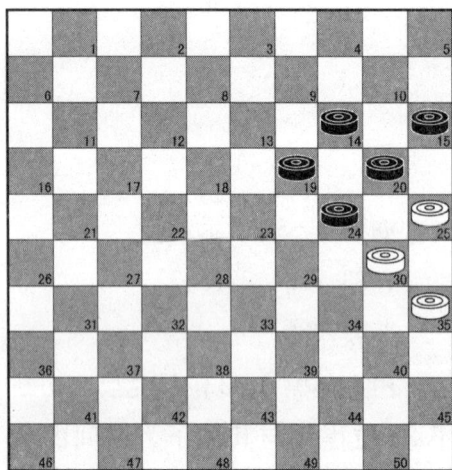

图 5—32

三牵五，黑如 24—29，白则 30—24！

图 5—33

三牵五。

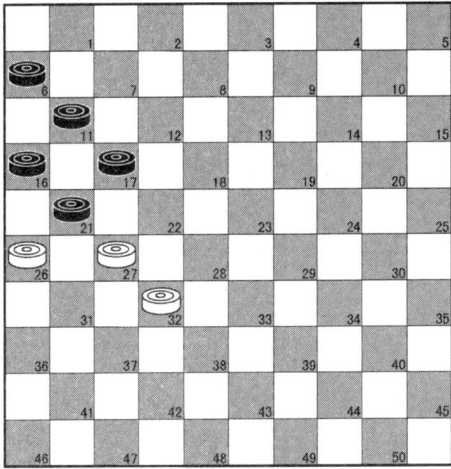

图 5—34

三牵五。

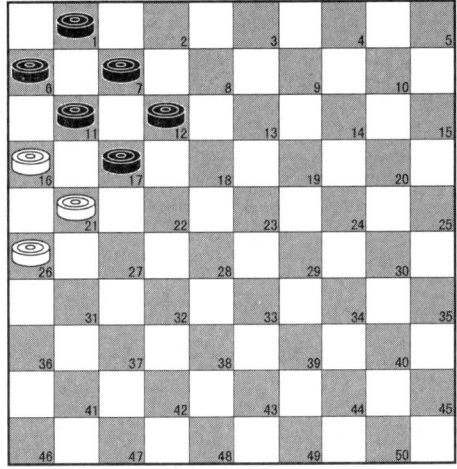

图 5—35

三牵六，黑如 17—22，白则
21—17！

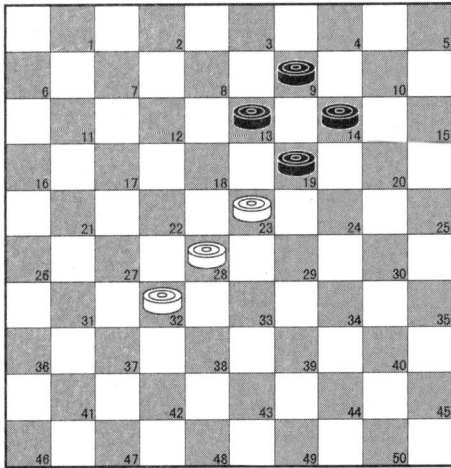

图 5—36

三牵四，黑如 19—24，白则
23—19！

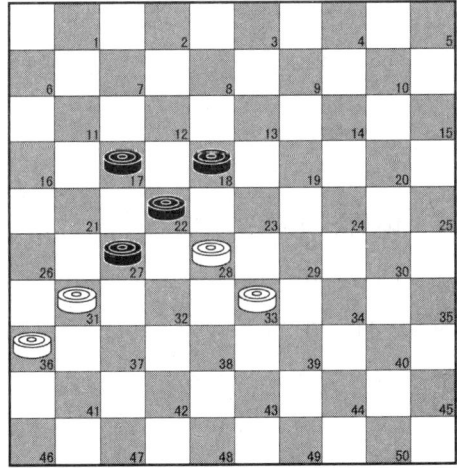

图 5—37

四牵四。

我们来看图 5-38、图 5-39 这两个局面。

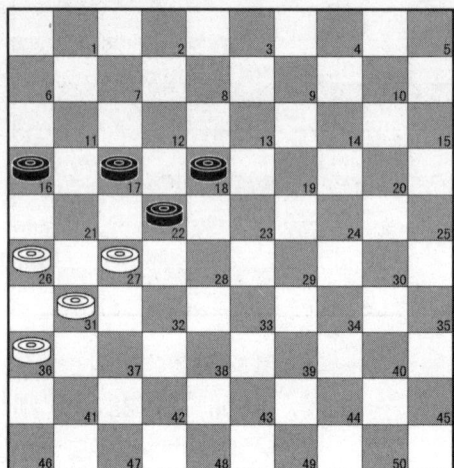

图 5-38
白方的阵型被称作障碍。

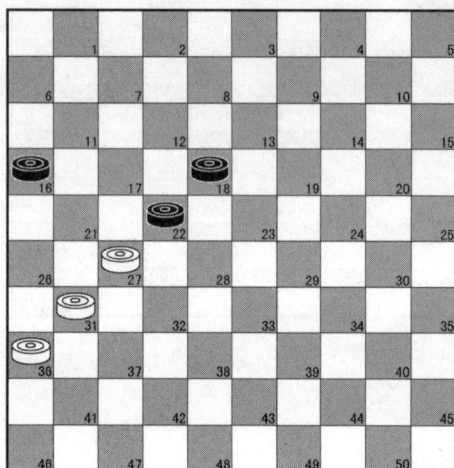

图 5-39
白方的阵型被称作半障碍。

障碍、半障碍在实战中经常发生，有时往往从一开局就会出现。

图 5-40、图 5-41 是对图 5-38、图 5-39 的扩充。我着重说一下图 5-41，在白方的这个阵型中，41 位和 42 位辅助半障碍来稳固这个牵制。白方五牵八，黑方如 17—21，白方则 42—37！

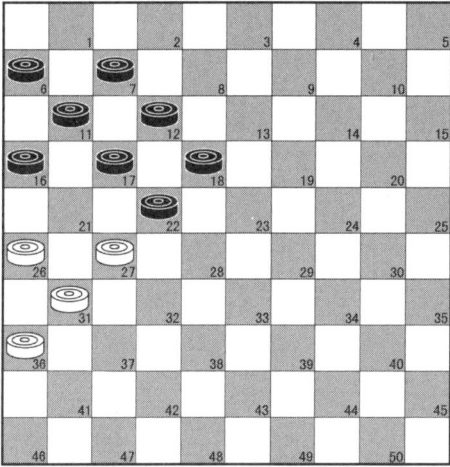

图 5－40

四牵八。

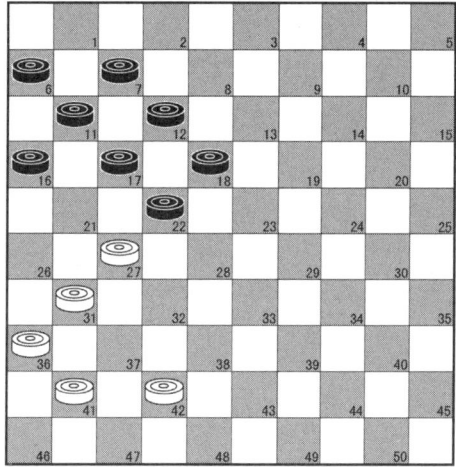

图 5－41

五牵八，黑如 17—21，白则
42—37！

图 5－42、5－43 是钳形牵制。我们曾在加拿大打击中提及钳形牵制。

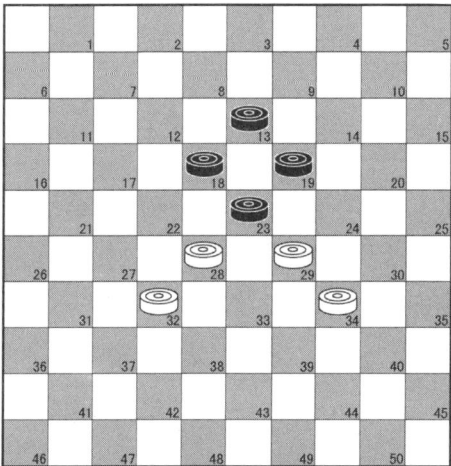

图 5－42

钳形牵制。

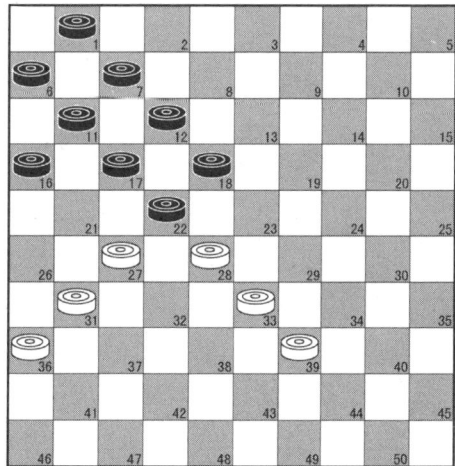

图 5－43

六牵九。

牵制方所希望的是，一侧用少数兵力来牵制对方的多数兵力，而用自己余下的兵力去攻打对方相对薄弱的另一侧。这就是牵制的内在思想。

牵制是常用的一种手段。在实战中，当运用牵制时，要考虑以下几点：

1. 这个牵制是否有效？（以少牵制多）

2. 要稳固这个牵制，要有接应的子力或者充足的等着。

3. 要想到牵制被打破后的局面。

四、浅谈中局局面

国际跳棋的中局是非常复杂的，其局面可以大致划分为四种类型：开放局面、古典局面、中心局面和桩子局面。

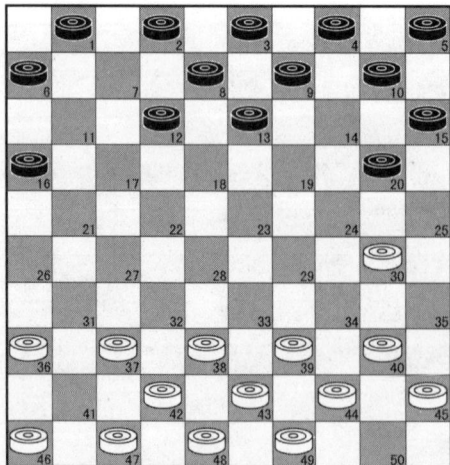

图 5—44

如图 5—44 所示，开放局面的特点：双方子力接触不多，战线拉得很长。

图 5—45

如图 5—45 所示，古典局面的特点：白方占领 27、28 和 32 位，黑方则占领 23、24 和 19 位。

图 5—46

如图 5—46 所示，中心局面的特点：对局的一方围绕着如何抢占中心而做文章。

图 5—47

如图 5—47 所示，桩子局面的特点：白方占领 24 位（或黑方占领 27 位），桩子局面亦被称为"钉子"局面。

第六章 开 局

开局是一局棋的开始阶段，开局的思路决定了整局棋的走向。一般来说，在十几个回合后，开局就结束了。有的人把开局视为专业与业余的分水岭。这足以证明，开局是非常关键的。

一、浅谈开局

31 位、32 位、33 位、34 位、35 位这五枚最前面的兵都可以走，以致派生出九种开局，即 31—26、31—27、32—27、32—28、33—28、33—29、34—29、34—30 和 35—30。

下面我来简单介绍一下这九种开局。

（一）31—26

如图 6—1 所示，31—26 形成施普林格开局。施普林格，荷兰籍世界冠军，我们已经讲解过以施普林格来命名的战术打击。

图 6—1

　　白方 31—26；黑方通常选择 19—23。而不要急于 17—21 换子，可以保留住白方的 26 位兵，未来黑方可以借助 6 位和 11 位所形成的奥林匹克阵型对白方施以战术打击。

(二) 31—27

　　如图 6—2 所示，31—27 形成波兰开局。历史上，波兰为国际跳棋的发展做出了重要贡献，31—27 得益于波兰棋手的喜爱，这种开局由此被命名为波兰开局。

　　白方 31—27；黑方可以选择 17—21，牵制白方大道上的棋子（46位、41 位、37 位和 32 位）。白方如果接走 33—28，黑方应以 19—23，这个兑换应该说是黑方贯彻"牵制白方大道上棋子"的意图，是一种思路，被一些棋手所喜爱。当然，黑方除 17—21 外，另有多种走法，如 19—23，也不失为一种聪明之举。

图 6—2

(三) 32—27

如图 6—3 所示，32—27 没有名称。我认为这是一种避免俗套、出奇制胜的下法。在国际比赛中并不常见，但在国内的一些比赛中，不时会看到一些棋手布出此阵。

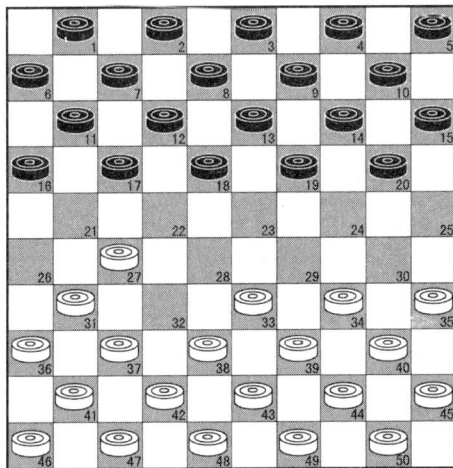

图 6—3

至于黑方的应着,首先要排除 16—21 的"送子",其次 20—25 也不是明智之举,25 位兵总有被利用之嫌。余下的走法都可以在今后的对局中尝试。

(四) 32—28

如图 6—4 所示,32—28 形成拉法尔开局。拉法尔,法国著名棋手,以他名字命名的战术打击我们已经讲解过。

图 6—4

白方 32—28,黑方常见的应着有 16—21 体系、17—21 体系、17—22 体系、18—22 体系、18—23 体系、19—23 体系、20—24 体系、20—25 体系等。

下面我来介绍几种著名的体系:

◎ 阿姆斯特丹体系 (左翼兑换体系)

| 1. 32—28 | 19—23 | 2. 28×19 | 14×23 |

◎ **罗增堡体系**

1. 32—28　16—21

◎ **荷兰体系**

1. 32—28　18—22

◎ **杜蒙体系**

1. 32—28　20—24

(五) *33—28*

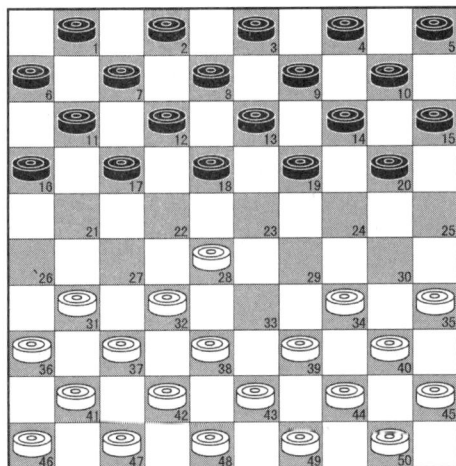

图 6—5

如图 6—5 所示，33—28 形成荷兰开局。黑方的应着有很多，例如：

◎ 33—28　18—23

此为古典体系，未来的趋势形成古典局面的机会很大。

◎ 33—28　17—21

这种走法也是非常常见的，试演如下：

31—26，20—24；26×17，11×33；38×20，15×24，形成双方都可以接受的局面。

◎ 33—28　18—22

有许多棋手都喜欢这种下法，国内的一些高手也偏爱 18—22 的应着。这里藏着一个小陷阱，我要向你说明一下。

1. 33—28　18—22　　　　　　2. 39—33？……

这样会遭到黑方的新手打击，白方应该 38—33。

2. ……　22—27！　　　　　　3. 32×21　16×27

4. 31×22　19—23　　　　　　5. 28×19　17×30

6. 35×24　14×23

黑方开局得子。

(六) 33—29

如图 6—6 所示，33—29 形成罗增堡开局。罗增堡，荷兰棋手，1948 年、1952 年、1954 年三夺世界冠军。

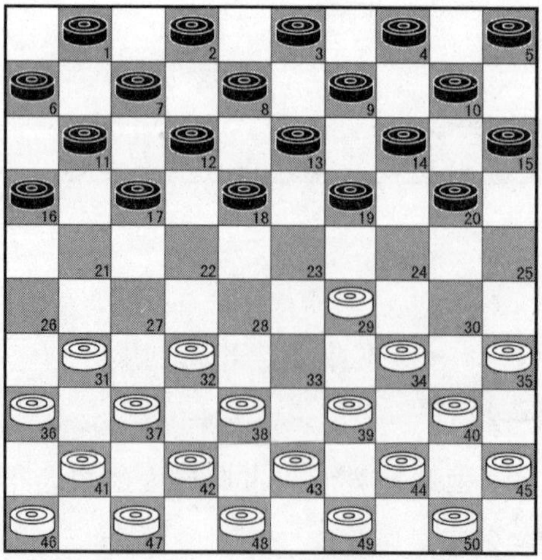

图 6—6

面对白方的 33—29，黑方也有多种应着。如 16—21 体系、17—22 体系、18—22 体系、18—23 体系、19—23 体系和 20—24 体系。首先黑方要明确自己的作战方向，即想要形成什么样的局面，然后才能选择自己的应着。例如，若想形成古典局面，那么 20—24 是好的选择；若想形成桩子局面，可以走 17—22。

对于初学者来说，应该全盘自由的发挥，不要被定形定式束缚。可以尝试着看一些高手的对局，从中学习到高手的开局方式，领悟他们对局面的处理方法，感受高水准带来的精神上的愉悦。

(七) 34—29

如图 6－7 所示，34—29 形成阿格发诺夫开局，又被称为法布尔开局。

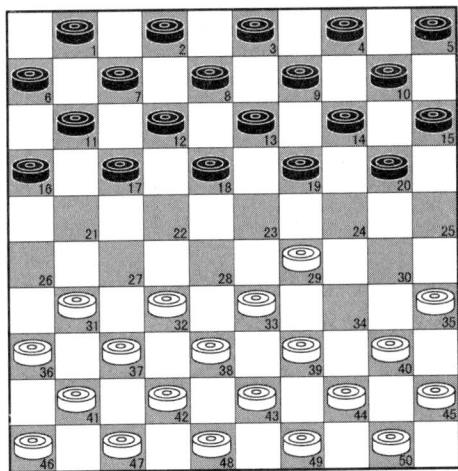

图 6－7

法布尔，法国籍世界冠军，我们已经介绍了法布尔打击。19 世纪，法布尔在重大比赛中都会弈出他的独门武器——34—29，三夺世界冠军后，34—29 就被命名为"法布尔开局"了。阿格发诺夫，俄罗斯棋手，特级大师,两届盲棋世界冠军。20 世纪 80 年代,阿格发诺夫在法布尔的基础之上,对 34—29 潜心挖掘,创新并运用于国际大赛中,且屡建奇功,之后,34—29 又多了一个名字——阿格发诺夫开局。

白方 34—29,黑方可以考虑多种走法。最常见的有 17—21 体系、17—22 体系、19—23 体系等。

(八) 34—30

如图 6-8 所示,34—30 形成法兰西开局。19 世纪的国际跳棋战场可以说是法国与荷兰的争夺,34—30 因法国棋手的使用而声名鹊起。

图 6-8

黑方应对法兰西开局有许多走法。最常见的有 20—25 体系和 17—22 体系。

(九) 35—30

如图 6—9 所示，35—30 形成短翼开局。

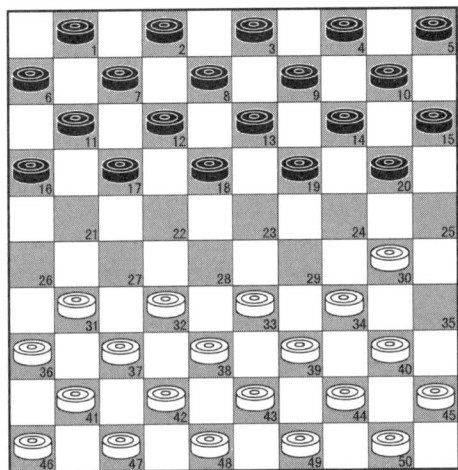

图 6—9

白方 35—30；黑方有多种选择。最自然的走法是 20—25，防止白方 30—25，之后可以考虑 15—20—24，对白方的右侧形成牵制。

二、开局原则

在上文中，我对九种开局都做了简单介绍。在学棋的开始阶段，应该提倡自由发挥，建议在这个阶段多学习一些战术打击，学会计算并且在对弈中尝试计算和策划基本的战术打击。在对国际跳棋具备一定认识和理解后，再回头来学习如何开局，根据理论知识来"修剪"开局模式，你将茅塞顿开，大有收益。开局大都遵循一定的原则来行棋布阵，接下来我们谈一谈开局的原则。

（一）争夺中心

在上一章中，我们知道了 22 位、23 位、24 位、27 位、28 位和 29 位是双方的中心，中心兵的价值通常要大于边位兵的价值。为此，开局伊始就要围绕着如何争夺中心、如何占据中心而奋斗。如图 6－10 所示，白方占据了中心。

图 6－10

（二）联系紧密

子力之间相互联系要紧密，填补阵型中的空格，切勿孤军深入。

◎ 子力之间相互联系要紧密

如图 6－10 所示，白方不仅牢牢占据了中心，而且子力之间有着密切的联系，形成很多组纵队，增添了兑子的机会，并且产生了实施战术打击的可能。

◎ **填补阵型中的空格**

既然子力之间的联系要紧密，那么阵型中就要减少空格。阵型中一旦形成很多空格，即栅栏形，就很容易遭到对方战术打击，要随时注意填补阵型中的空格。

如图 6－11 所示，黑方上一着 10—14? 本想接下来 13—19，以形成纵队，但白方针对黑方 10 位和 19 位的空格，抢先发难。

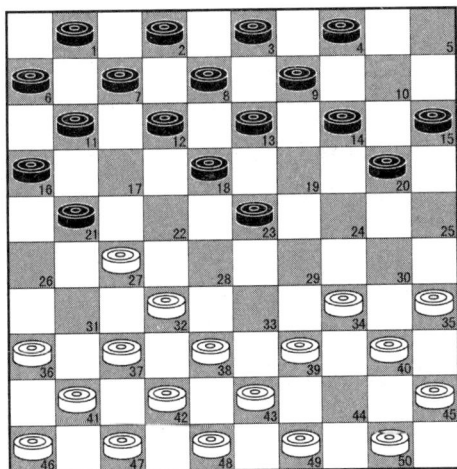

图 6－11

1. 27—22!　　18×27	2. 36—31!　　27×36
3. 32—27　21×32	4. 37×10

白方通过弃子，完成 37×10 打击，黑方处境不妙。只有接走 9—14，白 10×19，13×24，34—30!（矛头直指黑方的 24 位兵），黑方 3—9、白方30×19，9—13，40—34! 13×24，34—30，白方接二连三地进攻，黑方失子在所难免。

◎ 切勿孤军深入

在构建阵型的时候要逐步向前推进，这样做既可以减少空格的发生，也避免了单兵作战所带来的孤军深入。

(三) 均衡发展

子力要均衡出动，阵型的左右均衡是下棋的永恒理念。

图 6—12

如图 6—12 所示，我们取棋盘中心，用黑线将它一分为二。

在左侧，白方有七枚棋子；在右侧，白方同样也是七枚棋子。

白方出子均衡，且子力之间联系紧密。

※ **取棋盘中心，将它一分为二，这是判断阵型是否均衡的方法。**

第七章　冠军名局欣赏

国际跳棋自 2007 年下半年进入我国，在国家体育总局、国家棋牌运动管理中心和中国棋院的关心与领导下，每一年都会在全国各大城市举办国际跳棋的相关比赛，包括个人赛、团体赛、少年赛、邀请赛、公开赛等，深受广大棋手的重视，比赛有逐年递增之势。

在这个章节中，我们请大家来欣赏冠军们的经典之作。

阿莱士（立陶宛）VS 曾芊让（中国）

（2008 年 10 月 4 日弈于北京）

本局选自 2008 年首届世界智力运动会上的一盘棋，这是我国第一次组队参加国际跳棋的世界比赛。本局是比赛的第二轮，凭借曾芊让的出色发挥，中国国际跳棋在世界比赛上取得首胜！那一年他 10 岁，国内外媒体争相报道："这是曾芊让的一小步，中国国际跳棋的一大步。"自此，曾芊让年少成名，是众多家长眼中的"小神童"。

近几年，我与曾芊让、高文龙多次合作，是配合默契的黄金搭档，我们在 2009 年和 2011 年两届全国智力运动会上两摘混合团体冠军。此外，曾芊让个人还夺得 2009 年全国智力运动会国际跳棋百格男子冠军，成为史上全国智运会年龄最小的"双金王"！

不停地训练、比赛并没有影响到他的文化成绩。2010 年曾芊让当选为第三届"武汉现代少年形象大使"。

1. 32—28	18—23	2. 33—29	23×32
3. 37×28	17—21	4. 28—23	19×28
5. 29—24	20×29	6. 34×32	14—19
7. 39—33	19—23	8. 44—39	10—14
9. 41—37	5—10	10. 50—44	12—18
11. 33—29	23×34	12. 39×30	21—26
13. 44—39	7—12	14. 31—27	1—7
15. 30—25	11—17	16. 27—21	16×27
17. 32×21	17—22	18. 21—16	18—23
19. 39—34	12—18	20. 34—30	7—12
21. 40—34	14—19	22. 38—33	10—14
23. 34—29	23×34	24. 30×39	2—7
25. 42—38	19—23	26. 47—42	7—11
27. 16×7	12×1	28. 37—32	14—19
29. 32—27	22×31	30. 36×27	6—11
31. 49—44	8—12	32. 44—40	1—6
33. 40—34	9—14	34. 34—30	11—16
35. 30—24	19×30	36. 25×34	4—9
37. 34—29	23×34	38. 39×30	12—17
39. 33—28	15—20	40. 30—24	20×29
41. 28—23	26—31	42. 23×21	31×22
43. 21—17	22×11	44. 43—39	14—20
45. 45—40	13—18	46. 46—41	11—17
47. 41—37	17—22	48. 39—33	20—24

49. 37—32　18—23　　　50. 40—34　29×40

51. 35×44　22—27　　　52. 32×21　16×27

53. 42—37　6—11　　　54. 48—42　3—8

55. 44—40　23—29　　　56. 37—32　11—16

57. 32×21　16×27　　　58. 42—37　8—12

59. 33—28　24—30　　　60. 37—32　30—35

61. 32×21　35×44　　　62. 28—22　44—50

63. 21—17　12×21　　　64. 22—18　50—17

65. 38—32　29—33

(0—2)

郑策（中国）VS 契佐夫（俄罗斯）

（2010 年 3 月 3 日弈于伊春）

契佐夫，俄罗斯棋手，曾十次获得世界冠军，国际跳棋棋坛传奇式人物。他连续四年来华执教，与中国棋手建立了良好的关系，并于 2011 年正式出任湖北省百格国际跳棋队教练。

郑策，1983 年生于成都，他自小习弈，多年后，成为一名围棋职业三段。2008 年他转下国际跳棋，2009 年获得全国国际跳棋个人赛百格男子半快棋冠军；2010 年获得第五届亚洲国际跳棋锦标赛男子第六名；2011 年获"宇文机床杯"全国国际跳棋个人赛百格男子第二名；2012 年获"银联杯"全国国际跳棋锦标赛百格男子第四名。拥有郑策、周伟的成都棋院队在国内的团体赛中争金夺银，实力强劲。

本局选自 2010 年首届"友谊在伊春"中、俄、蒙三国国际跳棋邀请赛，首轮郑策即遭遇契佐夫，场外大家都为他捏了一把汗。而郑策给大家带来的是惊喜——一举战胜世界冠军契佐夫，在国际跳棋史上书写了浓重的一笔！

1. 33—29　17—22
2. 39—33　11—17
3. 44—39　6—11
4. 50—44　1—6
5. 31—26　16—21
6. 32—28　19—23
7. 28×19　14×23
8. 35—30　10—14
9. 30—24　5—10
10. 37—31　20—25
11. 24—20　15×24
12. 29×20　14—19
13. 20—15　10—14
14. 40—35　22—27
15. 31×22　17×28
16. 26×17　12×21
17. 33×22　18×27
18. 34—30　25×34
19. 39×30　7—12
20. 44—39　12—18
21. 45—40　11—16
22. 40—34　8—12
23. 30—25　6—11
24. 34—30　11—17
25. 30—24　19×30
26. 25×34　18—22
27. 34—30　13—18
28. 38—33　2—8
29. 41—37　23—28
30. 37—31　21—26
31. 33—29　26×37
32. 42×31　8—13
33. 39—34　17—21
34. 47—41　14—19
35. 30—25　9—14
36. 34—30　28—32
37. 31—26　12—17
38. 48—42　22—28
39. 42—37　17—22
40. 26×17　22×11
41. 37—31　18—22
42. 29—23　4—10
43. 15×4　3—8
44. 4×18　22×13
45. 31×33　19×48

(2—0)

阿拉腾花（浙江）VS 史思旋（湖北）

（2011 年 4 月 4 日弈于太原）

本局选自 2011 年"宇文机床杯"全国国际跳棋个人赛百格女子第七轮，当时我与赵汗青和阿拉腾花同积 10 分，这是争夺冠军的生死一战。

赛前我对自己并没有把握，随着时间的流逝、年龄的增长、众多后起之秀的崛起，从前的优势不复存在，现在的我要保持心态上的平和，稳中求胜。

阿拉腾花目前效力于浙江丽水星球棋院，日常训练极为刻苦，不接受平淡和棋，有很强的求胜欲。在 2009 年首届全国智力运动会国际跳棋百格女子组的比赛中，她以坚强的意志，冲破层层防线，摘得金牌。如今她的技战术更加完善，对 2011 年度的个人赛冠军也是虎视眈眈。

这盘棋就是在这样的心态下交手了。中局，阿拉腾花有些急躁，用力过猛，导致阵型中露出破绽，最终我幸运地取得胜利，继 2008 年、2009 年全国个人赛后，再夺桂冠！

1. 32—28	17—21		2. 33—29	21—26
3. 39—33	11—17		4. 37—32	26×37
5. 42×31	6—11		6. 41—37	16—21
7. 44—39	21—26		8. 50—44	1—6
9. 47—42	19—23		10. 28×19	14×23
11. 33—28	17—22		12. 28×19	13×33
13. 39×17	11×22		14. 34—29	20—25
15. 44—39	10—14		16. 31—27	22×31
17. 36×27	14—20		18. 39—33	5—10
19. 33—28	20—24		20. 29×20	25×14

21. 43—39	18—23	22. 28×19	14×23
23. 38—33	12—18	24. 42—38	7—12
25. 40—34	12—17	26. 27—22	17×28
27. 33×13	9×18	28. 38—33	3—9
29. 35—30	18—22	30. 49—43	22—27
31. 32×21	26×17	32. 43—38	6—11
33. 38—32	9—13	34. 46—41	10—14
35. 45—40	13—18	36. 30—24	14—20
37. 33—28	20×29	38. 28×19	18—23
39. 19×28	29—33	40. 32—27	33×42

(0—2)

张宸烨（上海）VS 高文龙（湖北）

（2011 年 11 月 12 日弈于武汉）

张宸烨，1996 年生于上海，棋风轻灵，在外籍教练乌克兰国际特级大师尤瑞的指导下，棋艺水平突飞猛进。2010 年全国国际跳棋团体赛获得第 5 名；2011 年，在太原举办的全国国际跳棋个人赛上，张宸烨挫败各路名将，拔得头筹，使上海百格国际跳棋进入一个新高度。

高文龙，目前国内等级分排名第一位。算度精准，基本功扎实，棋风稳健、细腻。2009 年获首届全国智力运动会百格混合团体冠军。2010 年，年仅 16 岁的他远赴荷兰参加世界国际跳棋青年大师赛，并获得第六名的好成绩；同年 12 月获得"金马杯"国际跳棋国际公开赛男子第八名。2011 年在第二届全国智力运动会中连夺混合团体和男子个人两项冠军，前后两届智运会累计为湖北队贡献了三枚金牌！

本局选自第二届全国智力运动会百格混合团体第七轮上海队对阵东道主湖北队。高文龙坐镇一台迎接张宸烨的挑战，这是一场冠军间的强强对话，最终湖北队凭借一、三台的胜利战胜上海队，非常幸运地再次依靠小分卫冕混团冠军！

1. 32—28   17—22   2. 28×17   12×21

3. 37—32   7—12   4. 41—37   1—7

5. 32—28   19—23   6. 28×19   14×23

7. 47—41   11—17   8. 34—30   13—19

9. 33—28   23×32   10. 37×28   10—14

11. 41—37   21—26   12. 37—32   26×37

13. 32×41   17—22   14. 28×17   12×21

15. 41—37   7—12   16. 39—33   19—23

17. 44—39   14—19   18. 46—41   5—10

19. 33—28   23×32   20. 37×28   10—14

21. 39—33   6—11   22. 50—44   11—17

23. 44—39   18—22   24. 40—34   20—25

25. 41—37   14—20   26. 38—32   21—27

27. 32×21   17×26   28. 28×17   12×21

29. 49—44   9—13   30. 43—38   13—18

31. 33—29   20—24   32. 29×20   15×24

33. 38—33   8—13   34. 33—29   24×33

35. 39×28   2—8   36. 28—22   18×27

37. 37—31   26×37   38. 42×22   8—12

39. 22—17   21—27   40. 17×8   3×12

41. 44—39   19—23   42. 39—33   12—18

43. 34—29   23×34   44. 30×39   27—32

45. 39—34   13—19   46. 34—29   19—24

47. 29×20   25×14   48. 35—30   16—21

49. 33—29　32—37	50. 29—24　21—27
51. 30—25　27—32	52. 45—40　32—38
53. 24—20　14—19	54. 40—34　18—22
55. 34—29　22—27	56. 20—14　19×10
57. 29—23　38—42	58. 23—18　42—47
59. 18—12　10—14	60. 12—7　37—41
61. 7—2　41—46	62. 48—43　47—42
63. 43—39　42—26	64. 39—34　46—37
65. 2—35　37—42	66. 34—30　42—15
67. 35—49　26—17	

(0—2)

邱浩纯（吉林）VS 李振宇（湖北）

（2011 年 11 月 15 日弈于武汉）

　　李振宇，1998 年生于武汉。2009 年学习国际跳棋，得益于武汉浓厚的国际跳棋氛围，加之自身的天资聪慧，李振宇很快便崭露头角。2009 年 8 月在丽水举办的第一届"星球杯"全国国际跳棋公开赛上战胜多名骁将，荣获第五名，自此受到国内同行的认可和赞许。一年后，在第二届"星球杯"公开赛中，李振宇更以他完美的表现，一举夺魁，跻身冠军行列。

　　邱浩纯，吉林白山人，少小四处学棋的经历造就他见多识广、善于学习和独立思考。在 2009 年首届全国智力运动会上，由邱浩纯领衔的吉林队荣获百格混合团体季军，他个人也收获百格男子季军；2010 年获"瑞和杯"全国国际跳棋个人赛百格男子快棋冠军；2011 年获第二届全国智力运动会百格男子亚军。

　　本局选自第二届全国智力运动会百格男子个人第六轮，邱浩纯对李振宇。

144

1. 34—30 19—23
2. 40—34 18—22
3. 44—40 12—18
4. 30—25 7—12
5. 50—44 14—19
6. 25×14 9×20
7. 32—28 23×32
8. 37×28 10—14
9. 41—37 1—7
10. 37—32 22—27
11. 31×22 18×27
12. 32×21 17×26
13. 47—41 12—18
14. 36—31 26×37
15. 41×32 7—12
16. 34—30 16—21
17. 40—34 11—17
18. 44—40 6—11
19. 34—29 21—26
20. 30—24 19×30
21. 35×24 3—9
22. 42—37 17—21
23. 46—41 11—16
24. 39—34 20—25
25. 43—39 14—20
26. 28—23 9—14
27. 32—28 14—19
28. 23×14 20×9
29. 28—23 18—22
30. 48—43 21—27
31. 23—18 12×23
32. 29×18 27—32
33. 37×17 13×11
34. 34—29 5—10
35. 41—37 10—14
36. 29—23 9—13
37. 33—28 14—20
38. 23—19 20×29
39. 19—14 15—20
40. 14—9 25—30
41. 9×18 30—34
42. 39×30 20—24
43. 30×19 29—34
44. 40×29 8—13
45. 18×9 4×31
46. 28—23 31—37
47. 23—19 37—41
48. 19—14 41—46
49. 14—9 26—31
50. 9—4 31—37
51. 4—15 16—21
52. 43—39 46—41
53. 49—43 41—36
54. 39—34 36—4

55. 15—33	11—16	56. 33—20	4—15
57. 20—3	21—26		

（2—0）

周伟（中国）VS 乔尔基耶夫（俄罗斯）

（2011 年 12 月 11 日弈于北京）

乔尔基耶夫，俄罗斯棋手，男子国际特级大师，现役世界冠军，现国际等级分排名第一。2008 年获首届世界智力运动会百格男子冠军，2011 年北京首届世界智力精英运动会再夺百格男子冠军。

周伟，自幼学习象棋，师从成都棋院副院长、象棋大师蒋全胜。2008 年底改学国际跳棋，进步神速并展露出过人的才华。2009 年和 2011 年两次获得"星球杯"全国国际跳棋公开赛百格男子冠军。2010 年首届"友谊在伊春"中、俄、蒙三国国际跳棋邀请赛跻身男子八强。2011 年获全国国际跳棋少年赛百格男子 18 岁组冠军；同年 11 月，在第二届全国智力运动会上获得百格男子个人第三名、混合团体第二名；接下来的 12 月，参加了在北京举办的首届世界智力精英运动会，后奔赴波兰参加世界国际跳棋青年锦标赛（U20），以上佳的表现受到国际棋坛的瞩目。

本局选自 2011 年北京首届世界智力精英运动会中周伟与乔尔基耶夫的对局。这是他们之间的第一盘慢棋，虽然双方实力悬殊，但周伟却以平局收场。尽管在当晚的加赛中他还是输掉了比赛，但周伟仍以他第一轮的水准赢得阵阵掌声。

1. 34—30	20—25	2. 32—28	25×34
3. 40×29	14—20	4. 37—32	10—14
5. 41—37	17—22	6. 28×17	11×22
7. 46—41	6—11	8. 45—40	12—17

9. 39—34　5—10
10. 43—39　19—23
11. 49—43　13—19
12. 32—28　23×32
13. 38×27　19—23
14. 37—32　14—19
15. 42—38　19—24
16. 31—26　22×31
17. 26×37　7—12
18. 32—28　23×32
19. 37×28　1—6
20. 50—45　17—22
21. 28×17　12×21
22. 34—30　9—13
23. 30×19　13×24
24. 40—34　4—9
25. 34—30　9—13
26. 30×19　13×24
27. 45—40　8—13
28. 40—34　2—8
29. 41—37　11—17
30. 38—32　21—26
31. 34—30　17—22
32. 30×19　13×24
33. 39—34　22—27
34. 32×21　26×17
35. 37—32　8—13
36. 32—28　13—19
37. 43—38　16—21
38. 38—32　6—11
39. 36—31　20—25
40. 29×20　15×24
41. 31- 26　3—8
42. 44—39　11—16
43. 48—43　8—12
44. 43—38　18—22
45. 47—42　12—18
46. 34—29　10—15
47. 29×20　15×24
48. 39—34　22—27
49. 34—29　18—22
50. 29×20　25×14
51. 35—30　14—20
52. 30—25　20—24
53. 33—29　22×33
54. 29×20　33—39
55. 20—15　39—43
56. 38×49　27×47
57. 15—10　47—41
58. 10—4　19—23
59. 25—20　23—29
60. 4—36　41—19
61. 20—15　29—34
62. 49—44　19—23

147

63. 36—4	23—41		64. 4—36	41—47
65. 44—40	34×45		66. 15—10	45—50
67. 10—5	47—15		68. 36—4	15—29
69. 5—46	29—1		70. 4—36	50—45
71. 36—4	45—7		72. 4—36	7—2
73. 36—27	21×32		74. 46×06	1—45

(1—1)

阿拉腾花（中国）VS 尼娜（荷兰）

（2011 年 12 月 11 日弈于北京）

尼娜，来自荷兰，女子国际特级大师。2011 年获国际跳棋世界杯女子第三名，目前国际等级分排名第五位。

阿拉腾花，1993 年生于内蒙古，其父阿钢苏和，曾任 64 格国际跳棋国家集训队教练；其妹赛娅，2010 年参加第五届亚洲国际跳棋锦标赛获得女子第五名；2011 年在第 24 届世界国际跳棋青少年锦标赛（U17）中获得女子第二名；同年 11 月获得第二届全国智力运动会百格少儿女子第二名。2009 年父女三人更是得到中国国际跳棋协会特邀副主席郑秀贵先生的赏识，一家人从老东家山东队转会到如今的浙江丽水星球棋院。

有道是"虎父无犬女"，阿拉腾花更是战绩优异。她分别于 2009 年、2010 年和 2011 年连续三次夺得"星球杯"全国国际跳棋公开赛百格女子冠军！值得称赞的是，在 2009 年首届全国智力运动会国际跳棋百格女子的比赛上，她以坚韧的意志、顽强的拼搏，冲破众多好手的层层防线，勇夺金牌。

本局选自 2011 年北京首届世界智力精英运动会，阿拉腾花对尼娜。首局她们战平，这是当天傍晚举行的加赛快棋。阿拉腾花面对荷兰女子特级大师尼娜，不畏强敌，敢打敢拼，用一个精彩的菲立普打击赢得了胜利！

1. 31—27　17—21　　2. 33—28　19—23

3. 28×19　14×23　　4. 38—33　10—14

5. 34—30　13—19　　6. 30—25　20—24

7. 40—34　8—13　　8. 33—28　21—26

9. 34—30　11—17　　10. 43—38　17—21

11. 44—40　2—8　　12. 39—33　7—11

13. 49—43　14—20　　14. 25×14　9×20

15. 37—31　26×37　　16. 42×31　21—26

17. 41—37　20—25　　18. 40—34　4—9

19. 47—42　5—10　　20. 34—29　25×34

21. 29×40　10—14　　22. 40—34　14—20

23. 45—40　9—14　　24. 34—30　11—17

25. 27—22　18×27　　26. 31×11　16×7

27. 36—31　12—18　　28. 31—27　7—11

29. 46—41　8—12　　30. 30—25　11—16

31. 41—36　1—7　　32. 43—39　7—11

33. 40—34　24—29　　34. 33×24　20×40

35. 35×44　3—8　　36. 38—33　12—17

37. 50—45　17—21　　38. 44—40　23—29

39. 33×24　19×30　　40. 25×34　26—31

41. 37×17　11×35　　42. 34—29　14—19

43. 42—37　19—24　　44. 29×20　15×24

45. 32—28　24—30　　46. 48—43　30—34

47. 37—31　6—11　　48. 43—38　35—40

49. 27—22　18×27　　50. 31×22　40—44

(2—0)

149

赵汗青（中国）VS 沃拉（白俄罗斯）

（2011年12月28日弈于波兰）

沃拉，白俄罗斯棋手，女子国际大师。2011年获得北京首届世界智力精英运动会百格女子冠军；随后在波兰进行的2011年世界国际跳棋青年锦标赛（U20）中再获冠军。

赵汗青，善于战术，计算深远。在2009年首届全国智力运动会百格女子的角逐中，遗憾地屈居亚军。她痛定思痛，刻苦训练，转年的2010年则是她全面爆发的一年：3月，获首届"友谊在伊春"中、俄、蒙三国国际跳棋邀请赛女子冠军；4月，获"瑞和杯"全国国际跳棋个人赛百格女子冠军；5月，获第22届全国协作区四项棋类比赛国际跳棋成人组冠军；6月，获世界国际跳棋青年团体赛超快棋第二名；12月，获"金马杯"国际跳棋国际公开赛女子第六名。2011年11月在家乡武汉，她如愿以偿获得第二届全国智力运动会百格女子冠军；同年12月，获得世界国际跳棋青年锦标赛（U20）女子第四名。不久前在天津结束的2012年"银联杯"全国国际跳棋锦标赛中她再夺百格女子桂冠。18岁的赵汗青潜力无限。

本局选自世界国际跳棋青年锦标赛（U20），赵汗青与本次比赛冠军得主沃拉的一局。

1. 32—28	17—21	2. 37—32	11—17
3. 34—29	7—11	4. 40—34	1—7
5. 45—40	19—23	6. 28×19	14×23
7. 42—37	13—19	8. 47—42	8—13
9. 29—24	20×29	10. 33×24	19×30
11. 34×25	15—20	12. 25×14	10×19

13. 32—28　23×32　　14. 37×28　5—10

15. 39—33　9—14　　16. 41—37　2—8

17. 44—39　18—22　　18. 40—34　12—18

19. 37—32　7—12　　20. 50—44　3—9

21. 34—30　21—27　　22. 32×21　17×37

23. 42×31　19—23　　24. 28×17　11×22

25. 48—42　6—11　　26. 33—28　22×33

27. 39×19　14×23　　28. 31—27　23—28

29. 42—37　11—17　　30. 37—31　17—22

31. 44—39　12—17　　32. 31—26　22×31

33. 26×37　8—12　　34. 30—24　16—21

35. 38—33　18—22　　36. 43—38　21—27

37. 37—31　10—15　　38. 35—30　9—14

39. 39—34　28×39　　40. 34×43　14—20

41. 31—26　20×29　　42. 38—33　29×38

43. 43×21　13—19　　44. 21—16　22—27

45. 46—41　15—20　　46. 30—25　20—24

47. 41—37　24—29　　48. 26—21　17×26

49. 16—11　12—17　　50. 11×31　29—34

51. 31—27　34—40　　52. 27—22　40—45

53. 22—17　45—50　　54. 17—12　50—28

(1—1)

邱浩纯（吉林）VS 熊智勇（湖北）

（2012 年 5 月 2 日弈于天津）

邱浩纯，1990 年生于吉林白山。2009 年获首届全国智力运动会百格混合团体和个人季军；2010 年获"瑞和杯"全国国际跳棋个人赛百格男子快棋冠军；2011 年获第二届全国智力运动会百格男子亚军。

熊智勇，1997 年生于武汉。2010 年、2011 年两获全国国际跳棋团体赛百格混合团体冠军。2012 年 4 月在天津举行的"银联杯"全国国际跳棋锦标赛中，他以六胜三和的佳绩收获了他的首枚个人金牌。

本局选自 2012 年"银联杯"全国国际跳棋锦标赛百格男子第七轮，邱浩纯对熊智勇。这是决定男子冠军归属的重要一战。是役，熊智勇在比赛中耐心等待，与对手慢慢周旋，不急不躁，进入残局，由于邱浩纯的计算失误，熊智勇取胜并最终夺得冠军。

1. 32—28	19—23		2. 28×19	14×23
3. 37—32	10—14		4. 41—37	16—21
5. 35—30	21—26		6. 30—25	14—19
7. 25×14	9×20		8. 34—29	23×34
9. 39×30	5—10		10. 30—25	10—14
11. 44—39	17—22		12. 50—44	22—27
13. 31×22	18×27		14. 32×21	26×17
15. 46—41	12—18		16. 37—32	7—12
17. 41—37	4—9		18. 40—34	19—23
19. 34—29	23×34		20. 39×30	18—23
21. 33—29	23×34		22. 30×39	12—18
23. 32—28	20—24		24. 37—32	1—7
25. 39—33	7—12		26. 44—39	14—20
27. 25×14	9×20		28. 32—27	3—9
29. 38—32	9—14		30. 47—41	14—19
31. 41—37	17—22		32. 28×17	11×31
33. 36×27	20—25		34. 33—28	25—30

35. 42—38　18—23   36. 27—21　30—35

37. 37—31　12—18   38. 31—27　2—7

39. 49—44　15—20   40. 39—33　20—25

41. 43—39　23—29   42. 28—22　29—34

43. 39×30　25×34   44. 48—43　8—12

45. 43—39　34×43   46. 38×49　18—23

47. 44—39　23—29   48. 22—17　29×38

49. 32×43　24—30   50. 17×8　13×2

51. 39—33　30—34   52. 33—28　7—12

53. 27—22　6—11   54. 22—18　12×32

55. 43—39　34×43   56. 49×27　19—23

57. 27—22　11—16

(0—2)

153